KB039088

4·16구술증언록 단원고 2학년 9반 제6권

그날을 말하다

아라 아빠 김응대

4·16구술증언록 단원고 2학년 9반 제6권

그날을 말하다

아라 아빠 김응대

4·16기억저장소 기획 편집
(사) 4·16세월호참사가족협의회 지원 협조

일러두기

1. 음절로 식별 가능한 소리를 들리는 대로 전사하는 것을 원칙으로 한다.

2. 의미를 파악하기 위해 추가 설명이 필요할 경우 [ ]로 표시한다.

3. 몸짓, 어조 등 비언어적 행위는 ( )로 표시한다.

4. 구술자가 말을 잇지 못해 말줄임표를 사용하는 경우 ……, …로 길고 짧음을 표시한다.

5. 비공개 영역은 〈비공개〉로 표시한다.

6. 비공개해야 하는 희생자 형제자매의 이름은 ○○, △△ 등의 도형기호로, 생존자의 이름은 A, B, C 등 알파
   벳 대문자로 표시한다.

7. 비공개해야 하는 제3자는 직분이나 소속, 성만 공개하고, 이름은 ××로 표시한다. 비공개해야 하는 숫자는
   자릿수에 상관없이 □로 표시하며, 지명은 □□로 표시한다.

책머리에

4·16기억저장소에서는 세월호 참사 5주기를 맞아 구술증언 수집 사업의 결과물 일부를 100권의 책으로 발간하게 되었습니다. 이 사업은 2015년 6월부터 다양한 학문 분야 구술 연구자들의 자발적인 참여로 진행되어 왔으며, 세월호 참사를 좀 더 정확하고 다각적으로 기록하고 기억하고자 하는 노력의 일환으로 수행되었습니다.

2014년 참사 발생 이후, 참사 피해자들의 목격담과 경험은 안타깝게도 공식적인 국가기관과 언론의 기록 속에서 철저히 소외되거나 왜곡되었습니다. 그것은 세월호 참사가 우리에게 안긴 죽음과 고통의 충격만큼이나 우리 사회의 끔찍한 비극이었습니다. 따라서 사업을 진행하면서 세월호 참사 희생자 가족, 생존자, 생존자 가족, 어민, 잠수사, 활동가, 기자 등등, 참사의 초기 과정을 직접 경험한 분들의 증언을 우선적으로 수집했습니다. 구술자는 이 사업의 취지와 방식에 개인적으로 동의한 분 중에서 선정했으며, 참여 과정에 어떠한 금전적 보상이나 이익이 제공되지 않았습니다. 또한 구술증언 수집 사업을 진행하는 동안, 면담자는 연구자이자 참사를 겪은 공동체 시민으로서 최대한 윤리적이고자 노력했습니다.

구술자마다 매회 약 2시간씩 3회를 원칙으로 음성 녹취와 영상 촬영을 하는 방식으로 진행되었고, 증언의 일관성을 확보하기 위해 면담자는 큰 틀에서 공통 질문지를 사용했습니다. 공통 질문지의 내용은 참사와 구술자 간의 관계성에 따라 차이가 있지만, 유가족 구술의 경우 1회차 '참사 이전의 삶, 팽목항과 진도에서의 경험, 자녀에 대한 기억'을, 2회차 '참사 이후 투쟁과 공동체 활동 경험'을, 3회차 '참사 이후 개인 및 가족이 경험한 삶의 변화와 깨달음, 자녀의 현재적 의미'를 중심으로 했습니다. 이처럼 증언 내용은 참사 이전에서 시작해 참사 발생 당시의 경험과 이후의 변화 과정까지 폭넓게 수집했고, 면담자는 구술 채록 과정에서 구술자의 발화를 최대한 존중하고자 했으며, 무엇보다 각자의 특수한 경험과 다른 시각을 충실히 반영하고자 했습니다.

이 구술증언록의 발간을 위해, 채록된 음성 자료는 문서로 변환해 구술자와 함께 검토했고, 현재 시점에서 공개할 수 있는 영역과 할 수 없는 영역으로 구별했습니다. 따라서 책에 실린 내용은 모두 구술자로부터 공개를 허락받은 부분입니다. 비공개 영역은 추후 구술자의 동의를 받아 적절한 절차를 거쳐 추가로 공개될 수 있으리라 생각합니다.

이 구술증언록 100권에는 그동안 우리 사회에 왜곡되어 알려지거나 잘 알려지지 않았던, 참사 발생 직후 팽목항과 진도 혹은 바다에서의 초기 상황에 관한 중요한 증언이 포함되어 있습니다. 또한, 자녀를 잃는 잔인하고 애통한 상황을 겪으면서도 그 누구보다 강인한 정치적 주체로 성장할 수밖에 없었던 유가족의 마음과 경험을 구체적으로, 그리고 여러 각도에서 살펴볼 수 있습니다. 그외에도, 이 구술증언록은 2014년을 전후한 한국 사회의 여러 측면을 드러내는 귀중한 자료가 되리라고 생각합니다. 무엇보다 국내외의 많은 분이 이 책을 읽어, 장차 세월호 참사의 진상 규명과 역사 서술에 기여할 수 있기를 바랍니다.

구술증언 수집 사업이 진행되고, 책으로 출간되기까지 많은 분의 도움과 지지가 있었습니다. 이 지면을 빌려 부족하나마 감사의 말씀을 전하고자 합니다.

먼저 (사)4·16세월호참사가족협의회와 4·16기억저장소에 감사를 드립니다. 이분들의 신뢰와 적극적인 협조가 없었다면, 이 사업은 처음부터 시작할 수조차 없었을 것입니다. 또한 어려운 정치 환경 속에서도 사업의 취지에 공감해 재정 지원을 결정해 준 아름다운가게와 역사문제연구소에 감사드립니다. 두 단체 덕분에, 이 사업을 4년 동안 계속해 올 수 있었습니다. 그리고 구술증언록 100권의 발간에 동의하고, 바쁜 일정에도 출판 실무를 기꺼이 맡아주신 한울엠플러스(주)에도 감사를 드립니다. 이 외에도 많은 개인과 단체가 직간접적으로 많은 도움을 주시고 격려해 주셨습니다. 여기에 모두 밝히지 못하는 것을 죄송하게 생각합니다.

　말할 필요도 없이, 가장 크고 또 가슴 아픈 감사는 구술자 한 분 한 분께 드리고자 합니다. 이 책이 발간될 수 있었던 것은, 무엇보다 용기를 내어 아픔과 고통의 기억을 다시 떠올리고 장시간 진심으로 이야기를 해주신 구술자가 있었기 때문입니다. 오랜 시간 이야기를 나누며 함께 공감하기도 했지만, 그 아픔과 고통을 어떻게 가늠할 수 있을까 싶습니다. 더 큰 도움이 되지 못함을 안타까워하며, 이 구술증언록 100권의 발간이 피해자분들에게 조금이라도 위로가 될 수 있기를 기원합니다.

2019년 4월

4·16기억저장소 구술팀 책임자
서울대학교 인류학과 교수 이현정

차례

■ 1회차 ■

■ 2회차 ■

■ 3회차 ■

아라 아빠 김응대

구술자 김응대는 단원고 2학년 9반 고 김아라의 아빠다. 아라는 아빠가 보기에 신기할 만큼 똑똑하고 다방면으로 뛰어난 재능을 가진 딸이었다. 아빠는 요즘도 집에 돌아오면 아라가 반겨줄 것 같은 생각에 눈물이 맺힌다. 아빠는 집안을 지탱하기 위해 직장에 나가면서도 진실을 밝히기 위해 4·16 투쟁 활동에 힘쓰며 노력하고 있다.

김응대의 구술 면담은 2019년 3월 12일, 18일 오전, 오후 3회에 걸쳐 총 6시간 30분 동안 진행되었다. 면담자는 이예성, 촬영자는 강재성이었다.

구술자 본인의 프라이버시나 제3자의 프라이버시를 보호해야 할 부분을 제외하고는 구술자의 발화를 있는 그대로 전사했다.

1회차

2019년 3월 12일

1
시작 인사말

면담자   본 구술증언은 4·16 사건에 대한 참여자들의 경험과 기억을 기록으로 남김으로써 이후 진상 규명 및 역사 기술에 기여하고자 합니다. 지금부터 김웅대 씨의 증언을 시작하겠습니다. 오늘은 2019년 3월 12일이며, 장소는 안산시 단원구 4·16기억교실입니다. 면담자는 이예성이며, 촬영자는 강재성입니다.

2
구술증언 참여 동기 및 최근 근황

면담자   바로 시작하겠습니다. 구술증언에 참여하신 계기에 대해 말씀해 주세요.

아라 아빠   갑자기 저기 (웃음) 혜선이 엄마한테 전화 와서 뭐 하라고 하길래, 교수님이 전화 올 거라고 [해서] 기다렸죠. 그렇게 하고서 연결이 된 거 같습니다.

면담자   교수님은 김익한 교수님 말씀하시는 거죠? (아라 아빠 : 그렇죠, 명지대) 김익한 교수님에 대해서 원래 알고 계셨어요?

아라 아빠   몰라요. 얼굴 보면은 모를까, 얼굴 안 봤으니 이름 갖고는⋯.

면담자   구술증언 참여를 어떻게 결심하게 되셨어요?

아라 아빠   그래, 물어봤죠. 저는 구술이 이렇게 진행되는 상황인지는 몰랐고, 세월호에 대해서는 어느 정도 소수의 사람들만 행동하는 거 같고 하는가 보다 하고 '잠잠해졌나?' 이렇게 생각하고 일상생활을 복귀하고 내 하는 일, 현재 있는 상태의 가족들 챙기느라 바쁜가, 바빴었죠. 그래서 혜선이 엄마한테 물어봤죠. "이게 특정인만 하느냐? 아니면 다 하는 거냐?" 물어봤더니 다 하는 거래요. "그럼 하겠다"고 했고 만약에 특정인만 한다면은 할 의향이 없었죠. 왜냐면은 자식 잃은 게 무슨 자랑거리도 아니고, 선전할 것도 아니고. 단지 '이거를 함으로써 국민들한테 각오나 생각의 재발견을 심어주고자 할 거 같으면은 할 수 있는 거다' 스스로 생각했죠.

면담자   왜 해야겠다고 생각을 하셨나요? 알려야겠다고 생각을 하셨나요?

아라 아빠   대충은, 예, 그렇죠. 사람들한테 암만해도 '이런 것이, 사건이 한순간이, 일말의 사건이라기보다 총체적인 사건이니까 여기에서 잘못된 거는 고쳐나가야지 이 나라가, 이 국민들이 안전하게 살 수 있는 대한민국, 크게 봐서는 마음 놓고 자식을 키울 수 있는 사회가 되지 않을까?' 생각도 하고…. 가만있으면은 그렇잖아요. 어차피 일어났는데 이거를 있어도, '더 이상 우리가 잃을 게 있겠나?' 하지만은 이 사람들 생각이 '아, 그럴 수 있지. 자식 잃고 사고 나고, 교통사고로 한 해마다 몇백 명이 죽어나는데 그런 거 생각하면 되지 않나?' 이렇게 생각하지만은 이거는 진짜 어른들의 잘못된 계획에 의해서 순진한 아이들, 그저 명령에 복종하고 잘 따르는 아이들이 무참히 죽은 거 아닙니까? 그러니까 그것에 비하면은 진짜 밉죠, 어른들이.

그리고 생각할 적에, 그런 생각을 하면은 또 일어날 수밖에 없고…. 그리고 이 근본적인 생각이 참 생명 존중이라는 거, 우리나라가 그전부터 유교적인 인본 덕치주의 그런 걸 내세우고, 동학사상 같은 경우에는 인내천 사상이니 인간을 중요시하고, 우리 선조들은 그렇게 했는데 지금 시대 들어서 물질, 자본주의가 들어와 가지고 사람의 생명과 존중보다는 돈이 먼저다는 생각이 앞서가지고 일어난 거잖아요, 이거는. 그니까 너무 교육적인 면이나 모든 것이 참 무한경쟁시대에서 남을 해치고 내가 살아야겠다는 (한숨을 내쉬며) 그런 게 팽배하고 자라난 우리 기존 사람들의 생각 때문에 이게 일어났다고 봐요.

아무튼 이대로서 나라가 계속 가고 사람들 생각이 그렇게 흘러간다면은 존재가치가 없다고 봐야죠. 사람들이 사람으로서 보이는 게 아니고 단지 우리가 꼭 신들린 사람마냥 물질을 신으로 보고 거기에 쫓아가는 거로밖에 볼 수 없고, 두렵고 사람 보기가. 그리고 어디 자식을 마음 놓고 바깥세상에 내놓지도 못하고 하는데, 모든 사회적인 시스템이, 작용들이 안전 위주로 이렇게 되면은 직장인이 사회생활을 할 적에 참 안심하고 생활할 수 있잖아요. 불안하잖아요, 자식이, 어린 자식이 어디에 나가면은 '뭔 일 있을까?' 항상 우리는 그런 염려 속에서 산 거 같아요. 그래서 우리가 맨날 "기도하면은 마음이 편해질 것이다, 하나님께 다 맡겨라" 그래서 불안할수록 우리나라가 종교니, 여러 가지 발달하고 그런 거 같기도 하고, 사회가 어

수선하고 할수록 사람 마음을 잡는 종교들이 많이 성행하잖아요, 그
와 마찬가지고. 그래 놓고 자기는 할 일 다 했다고, 기도했으면 모든
게 다 이루어질 거라고 스스로 위안하고…. 그 하나만 더 얘기[할게
요]. 우리가 큰 난관에 부딪쳤을 때 기도해야지. 그런 상황일 때 계
속 기도하면 사람이 불안하잖아요. 불안하고 맨날 근심 걱정하고 맘
편히 살 수가 없는 입장이니까. 주제가 어긋난 거 같아요, 다시 짚어
주세요.

면담자   최근에 어떻게 지내고 계신가요?

아라 아빠   최근에요? 최근에 사는 거? (면담자 : 직장생활이나 근
황) 예, 최근에 저는 일을 지금 하고 있구요. 잠시 쉬었다가 그 전 다
니던 직장에 다니고 있고, 직업은 저기 안양에서 서울로 왕복하는
버스 운행하고 있고…. 근데 남자들 같은 경우에는 제가 직업을 그
렇게 하면서 힘들지만은 일단 집중을 해야 되니까, 운전이 내가 슬
프다고 해서, 몸이 고단하다고 해서 안 할 수 없는 거잖아요. 체인
돌아가는 거마냥, 앞차의 배차 간격을 맞춰줘야 시민들이 편히 제시
간에 차를 타고 그러니까 거기에 집중하다 보면 일할 적에는 잊어지
는 거 같아요. 그리고 지금도 그렇지만은 계속 일 끝나고 오면은 울
면서 오는 거죠. 속이 그냥 확 치밀어 가지고 눈물을 흘리면서 집에
온다구요. 그러면은 꼭 집에 아라가 "아빠, 오세요" 하고 반겨 나올
거 같은 그런 기분을, 또 보고 또 그렇게 생각을 하고 그렇지만은,
현실에 부딪쳤을 때는 맥이 빠지는 그런 거 있죠.
    항상 그 전에 일 끝나고 오면은 아라 어렸을 때 꼭 와서 손 한번,

아라 아빠 김웅대

자는 거 손 한번 이렇게 잡고, 그리고 지금은 커서 뽀뽀는 못 하지만 은, 어렸을 때는 항상 얼굴에 대고 그냥 볼에다 뽀뽀하고 그렇게 하고 자고, 그렇게 하면 하루 피로가 싹 가시고 그런 게, 그렇게 생활 했는데 또 그런 게 되지 않으니까…. 가정에서 우리 지금 남은 거 세 식구이지만은, 엄마하고 아라 오빠, 그래도 내가 어느 정도 경제적 으로 힘들지 않게 벌어야 되겠다는 생각이 앞서고, 그리고 내가 중 심을 잃으면 안 되겠다는 생각으로 내색은 안 하지만은 할 일은 해 야지, 사람이 또. 사람은 영혼과 육체의 결합인 동물이지만은 육신 이 지구상에 있는 한 물질적인 것을 추구를 안 할 수가 없잖아요. 이 몸을 사람은, 윤택한 생활을 하기 위해서는, 남한테 이렇게 기죽지 않는 생활을 하기 위해서는 경제적으로 어느 정도 뒷받침되는 게 아 버지의 책무라 생각하고, 거기에 [부응]하기 위해서, 아무튼 큰 욕심 은 없고 사회의 일원으로서 생활을 하고 있어요.

3
유년 시절과 결혼 및 직업 변화 과정

면담자   아버님, 고향은 어디세요?

아라 아빠   고향은 충남 금산, 인삼 나오는 고장 충남 금산입니 다. 거기서 초등학교 때 다니고 친척 집에 6학년 때 전학 왔죠. 왜냐 면 시골이라 그때 당시에 중학교 진학하기가 멀어요. 시골 면인데 읍내까지 중학교를 다니려면 버스도 한참 기다려서 타고 이러는데, 그때 당시에는 그게 유행이었어요. 6학년 때 친척 집에 전학을 와서 그때부터 객지생활 했어요, 대전으로.

면담자　　　형제 관계는 어떻게 되세요?

아라 아빠　　저희 형제는 이제 3남 1녀 중에 제가 장남이고.

면담자　　　형제들 중에 처음 대전으로 가셨겠네요?

아라 아빠　　예, 동생들 세 명도 대전으로. (면담자 : 따라서 갔나요?) 예, 그렇게 하고서 고등학교 때부터 자취생활을 했죠. 자취생활, 동생들 데리고, 동생 두 명 데리고 자취생활 하고 쭉 대전에서 학교 다니고….

면담자　　　대전에는 언제까지 계셨던 거예요?

아라 아빠　　그러니까 한 88년도까지는. (면담자 : 결혼하기 전까지?) 예, 결혼하기 전까지.

면담자　　　안산에는 결혼하고 이사 오셨나요?

아라 아빠　　아니요, 그게 아니구요. 거기서 졸업을 하고 (면담자 : 고등학교?) 아니요. 대학교 졸업하고, 우리 집사람하고 같은 학교에 다녔었는데 같이 장래를 약속하고 부산으로, 무조건 부산으로 갔어요(웃음). 방 빼가지고 부모님한테 "간다" 통보하고 부산으로 갔어요. 부산에다 방 하나, 월세방 얻고 거기서 시작을 했죠. 그렇게 하고서 거기서 한 10년 생활하고서 그때 IMF 때 안산으로 왔어요. 그때가 우리 아라가 돌도 안 지난 상태에서 와갖고 여기서 돌잔치를 했는데 그렇게 됐어요.

면담자　　　　부산에서는 어떤 일을 하셨어요?

아라 아빠　　부산에선 동산유지, 옛날 동산유지, 지금은 이름, 지금 세대는 모를 건데, 그전에는 동산유지, 지금은 바뀌어서 동산 CNG라고 바뀌었는데 비누 제조 공장, 또 세탁 세제, 그중에서 저는 기름 생산하는 거, 유지, 코코아 기름, 팜유, 소고기, 돼지고기 기름 그런 거, 기름은 다 취급했죠. 조금 조금씩 야자유가 주로 해가지고, 야자유를 아무튼 수입, 원료를 수입해서, 야자 코코넛 껍데기를 수입해 가지고 그거를 빠셔가지고 착유 추출 그런 과정[을] 거쳐서 기름 생산하는 그런 계통에 있었고, 저는 그때 당시에 제가 화학과 나와가지고 품질관리 실험 그쪽에서 근무를 했었어요. 품질관리 쪽 하다가 IMF 때 회사 분위기도 그렇고 해서 여기 안산 시화공단 거기에 5년 동안 다녔고, 다니다가 직업이 제 장래성과 그런 게 좀 안 맞고 또 회사 분위기도 있고 그래서 그냥 또 나와[서], 대형면허 (웃으며) 버스 자격증을 회사 다니면서 따가지고 버스회사에 취직을 했어요.

면담자　　　　버스 운행하시는 일은 최근의 직업이신 거네요?

아라 아빠　　버스 운행은 그렇죠. 지금 제가 한 15년 차, 16년 차 들어가나? 16년 차 들어가요, 지금 16년 차(웃음). 그래서 이거는 뱃속이 조금 편하더라고, 남한테 별로 지시받는 것도 없고, 사고만 안 나고 자기가 안전 운행하고 (면담자 : 독립적으로 일하니까요?) 그렇죠, 독립적으로 하고, 요새는 문재인 정부 들어서 휴게 시간이라든지 그런 것도 인간적으로 많이 보장을 해주라고 정부에서 압박을 하니까, 주 52시간 그런 게 되니까 나아진 거 같아요. (면담자 : 최근에 많이 나

아졌나 보네요) 예, 그 전에는 그것도 힘들었어요. 그렇지만은 '나 이
것도 힘든데' [하다가도] 또 그때 생각에 '야, 이게 최후의 보루인데 이
것도 못 하면 나가서 뭐 해야 되나? 죽어도 여기서 해야 된다' 하고
서 어떻게 해서든지 버텼죠. 그렇잖아요, 자본도 없고 그렇다고 (한
숨 쉬며) 그 저기 동산유지 다니기 전에 집사람하고 학원을 한 3년
동안 했구나, 학원.

면담자   부산에 가서서요?

아라 아빠   예, 부산에서. (면담자 : 부산에 연고가 있으셨어요?) 부
산에 뭐 큰 연고는 없고, 부산에 집사람 언니, 둘째 언니가 거기 부
산에 살고 있어서 그냥 거기 간 거고. (면담자 : 학원은 어떤 학원이었
어요?) 학원 지금 얘기하면 옛날에는 속셈학원이라고 했죠, 옛날 속
셈학원 그거 했었죠. 그거 하고 (면담자 : 아버님이 수업하셨어요?) 예,
제가 수학 하고, 그전에는 지금같이 개방적으로 하면, 그전에는 전
두환, 노태우 시절이라 학원 같은 거 엄청 제지를 많이 했어요. "뭐
도 가르치지 마라", "뭐도 가르치지 마라", "자기가 신고한 거 외에는
가르치지 마라" 그렇게 해가지고 너무 이 압박이 심하더라고. 그렇
게 하고 건물주를 (한숨 쉬며) 잘못 만나가지고 많이 뜯기고 그러다
가 그것도 그냥 접[었죠]. 남는 게 없더라구요, 내가 혼자 가서 직장
생활 하는 것보다도. 그래 가지고 조금 더 거기서 손해 보고 그냥 직
장생활 했어요.

    그래서 그때 당시에 '아이고, 자영업 하는 거 이렇게 힘들구나'
[했죠]. 지금까지 자영업이라는 거는 함부로 내가 뛰어들지 못하는

거예요. '진짜 힘들어도 직장을, 여기서 버티자. 버티자' 해갖고서 그래서 지금 그냥 하고 있어요. 아무튼 지금 정년이 얼마 안 남았지만은 여기서 마무리하고 그 이후로 생각하려고 그렇게 하고 있어요.

면담자　　　정년이 얼마나 남았어요? 아버님 연세가 어떻게 되세요?

아라 아빠　　　지금 제가 원래 소띠인데 생년월일으로는 62년으로 되어 있어요, 2월 13일로. 그래 가지고 지금 현재는 60년이 정년인데, 지금 정년이 연장될 거 같아요, 한 63세까지. 우리가 노조에서 요구를 하는데 아마 제 나이대는 63세까지 될 거 같고, 아무튼 한 60세면 한 2년 남고, 63세면 한 5년 남고, 5년 동안 더 할 수 있다 생각하죠.

면담자　　　어머님이랑은 캠퍼스 커플이었던 거예요?

아라 아빠　　　(웃으며) 예, 창피하지만 조금. (면담자 : 얘기 좀 해주세요) (한숨 쉬며) 참…. 처음에는 대전 한남대학교가 기독교 학교라 소모임 그룹 같은 데서 외국인, 그때는 영어를 배우고 뭐 하려면은 지금 같이 다양한 방법이 없잖아요. 그래서 외국인 선교사 그런 사람들이 영어로 설교하고, 영어로 공부하고 그랬는데 그런 데 참석하다가 서로 만나게 됐죠. 그래 가지고 서로 생활환경도 비슷하고 그래서 그렇게, 서로 졸업하고 딱히, 그래서 그렇게 된 거죠.

면담자　　　학원 같이 하신 거 말고 어머님은 다른 직장생활도 하셨어요?

아라 아빠　　　아니, 둘이 같이 했어요. 이 사람은 여기 영어, 영문과 나왔어요. 집사람은 영문과 나와가지고 그 당시에는 초등학교 영어 같은 거를 하는 데가 없[었죠]. 안 했었죠, 그때 당시에는. 그 시기를 잘못 타고났죠. 그때 당시에 영어하고 수학 마음먹고 했으면은 오히려 속 편하게 했을 건데, 그때 당시엔 영어 같은 거를 할 저기가 아니었기 때문에 사람들이. 그때 시기를 잘못 본 거 같아요. 그래서 아무튼 시기가 어긋난 거 같아요, 시대하고 학원 운영한 게. 조금 늦게 했으면은 오히려 나을 뻔했는데, 사회 경험도 쌓고 했으면은 오히려 더 열심히 더 했을 건데, 그때 당시에는 초년생으로 하려니까 특별히 정보 공유하고 그런 거 뭐든지 그런 게 꽉 막히니까 너무 소홀히 한 거 같아요.

면담자　　　두 분 다 기독교세요?

아라 아빠　　　예, 기독교, 저는 그렇게 됐죠.

면담자　　　대학교 때부터 종교를 가지게 되신 거예요?

아라 아빠　　　예, 대학교부터. 거기가 한남대학교, 의무적으로 채플 시간에 1, 2학년까지 한 학기당 2학점씩 의무적으로 해야 되는 것 때문에 신약하고 구약 그런 거, 채플 강의도 들어야 되고 시험도 봐야 되고 그렇게 됐어요, 그때 당시에는. 그걸 하기 전에는 아무런 종교가 없었어요. 우리 집에는 옛날의 민속적인 불교, 다 할머니들 다 민속적인 불교지. 1년에 몇 번 절에 가서 불공드리고, 마음[은] 그런 거지만 저는 그런 데는 안 따라다니고 만날 종교도 없었고…. 단지 사람이 크면서 머릿속에 불안하고 뭐할 때 있잖아요. 그런데 "이렇

게 해라, 저렇게 해라" 친구들이 얘기하고, 집사람이 그렇게 하니까
나아지는 거 같기도 하고 편해지는 거 같기도 하니까 자연스럽게 기
독교, 하나님한테 나의 마음을 고하고 마음이 편해지고…. 아무튼
그래도 은혜를 받는다는 것 자체는 새벽기도 나가서 이렇게 할 적에
은혜를 받은 거 같기도 하고 하는데, 사회생활 하고 몸이 파김치가
되니까 따라지지 않는 거 같아요, 종교생활 하는 것도.

뭔가 마음[하고] 몸이, 마음이 일치가 된 상태에서 종교생활을 해
야지 되지, 쭉 그러다 소홀해지다가도 또 그러지 하고, 아무튼 그런
거[가] 반복적으로 계속[되었지요]. 여기 와서도 부산 있을 때도, 여기
와서도 교회는 나갔었죠. 교회는 꾸준히 나갔었죠. 극렬한 신도는
아니지만은 그래도 '뭐니 뭐니 해도 하나님 말씀이 최고다'는 신념으
로 교회를 다녔었죠, 교회 다니고.

면담자   부모님께서는 아직 고향에 계세요?

아라 아빠   예, 부모님은 지금 살아 계세요. 제 부모님이 저를 일
찍 낳으셔 가지고(웃음), 아무튼 아버지가 우리 어머니하고 같은 동
네에서 서로 눈이 맞아가지고 결혼해서, 아버지가 20살 정도에 저를
낳아서 (면담자 : 진짜 일찍 하셨네요) 예, 옛날에 비하면 이른 편도 아
니지만, 지금이야 보면 엄청 이른 편이지만은, 옛날에는 거의 20살,
25살 안쪽으로는 다 장가갔어요. 27살이면 노총각이라고 그랬는데,
그렇게 해서 저를 일찍 낳아서, 제가 타고나서 몸이 아팠는가 봐요.
그래서 이놈이 살 놈인가 죽을 놈인가 쭉 지켜보다가, 그래서 생년
월일 호적 신고를 늦게 했다고 하더라구요. 원래 제가 생일이 61년

음력으로 11월 7일이 저 생일이거든요, 원래 생일은 11월 7일. 그래가 가끔 생년월일 가지고 친구들하고 이렇게 사회에서 부딪치는 경우 있어요. 이렇게 주민등록 보면은 "야, 62년이면 범띠인디 니가 무슨 소띠라고 하냐?" 하고 그래요. 그것도 다 설명해 주고 하려니까 엄청 머리가 아파요. 그래도 내가 그렇다고 그 친구 말대로 내가 범띠도 아니고 사주라는 것은 태어난 시인데 11월 7일생인데, 그래서 그랬고, 아무튼 내 사주가 어느 띠인지 모르지만은, 이런 큰일이 벌어진 상황에서 살려니까 남은 인생이 힘들긴 힘들어, 힘드네요.

면담자 자라신 가정환경은 어땠나요?

아라 아빠 가정환경이요? 우리 시골 부모 환경? 글쎄…. 저는 지금도 그렇게 아버지를 존경…, 솔직한 얘기로 얘기해도 되죠? 아버지가 근면하고 성실하고 아무것도 허투로 안 쓰고 근검절약하고 몸 건강하시고, 사 형제 다 대학 보내시고, 그거는 참 대단한 분이에요. 농촌에서 농사도 짓고, 그전에는 시골에 있는 교통시설이 그렇게 발달되지 않은 상황에서, 거기에 조그마한 잡화점 비슷하게 상점이라고 그러죠, 옛날에는 상점 그걸 하셨어요, 거기다가 농사도 짓고, 생활필수품, 식품, 지금 말로 얘기하면 슈퍼마켓 비슷한 거죠. 그런 거 하다가 거기 읍내 면 소재지에서 장사도 하시고, 그렇게 해가지고 그걸로 벌어가지고 자식들 다 가리키고[가르치고] 했는데, 내가 철이 늦게 들어서 아버지를 일찍 도와드려야 되는데 도와드리지 못해서, 지금 내가 늦게나마 그걸 깨달은 거 같아요. 그때 대학교 진학도 안 하고 고등학교 나와서 취업을 했으면 아버지가 얼마나 힘이 안 들고 편했을까? 병신같이 대학교 진학해 가지고 이 모양 이 꼴로 살면서, 그렇게 내 욕심만 차린 거 같아 가지고 미안한 감이 들죠, 아버지한테.

아무튼 빈틈없는 부모님이셨고, 어머니는 항상 부지런하고 아버지한테 구박받으면서도 자식을 위해서 이렇게 챙겨주고 하는데 자기들 딴에는 마음을 아파했죠. 자식들 타향에다 자취생활 시키고, 그냥 와서 부모님이, 엄마가 와서 반찬이니 빨래는 일주일에 한 번씩 와서 해주고, 가가지고 찬거리 시장 봐놓으면 그거 갖다가 제가 해 먹고 그런 생활을 했죠. 그게 하다 보니까, 많이 하다 보니까 (한숨 쉬며) 지겹더라구요. 그렇더라도 (한숨 쉬며) 내가 그때 당시에 동생들 챙겨야 되겠다는 책임감 때문에 열심히 챙겼고, 제가 친척 집에 있고, 고등학교 전까지는 있으니까 아무래도 눈칫밥 먹잖아요. 먹고 싶은 것도 마음대로 못 먹고 그러니까 그때 당시에 느낀 게 '아, 얘들을, 동생들을 잘 먹여야 되겠다'는 생각으로 어떻게 해서든 잘 해주려고 노력했죠. 그래서 동생들은 아마도 저보다는 체격이 다 크니까 '내가 그래도, 내 고생이 헛고생은 아니구나. 잘 먹여가지고 저렇게 컸으니까' 그렇게 생각을 하고 있어요.

면담자　　　부모님에 대한 책임감도, 동생들에 대한 책임감도 많이 크신 거 같아요.

아라 아빠　　　예, 제가 아까도 얘기했듯이 그걸 빨리 깨달았어야 되는데 사람이 깨닫는 게 참 늦는 거 같아요, 환경이 물론 깨달음을 주지만은. 물론 아버지가 먹을 거, 입을 거 다 대주니까 그 물질적 필요성을 못 느껴서 그러니까 늦게 깨달았는데, 참 그거를, 나는 그게 참 하늘에서 떨어진 건 줄 알았는데 (웃으며) 그 모든 거 하나하나가 다 아버지 피땀 속에서 내 입으로 들어온 건데, 그걸 늦게 깨달아서 그만치 '나는 편안함 속에서도, 부모님은 얼마나 힘들게 노동을 했을까, 내가 편안한 가운데' 그걸 일찍 깨달았어야 되는데…. 그래서 이 깨달음이라는 게 나는 생각할 적에, '교육이라는 게 우리가 수학, 영어니 뭐니 그런 것보다도 차라리 초등학교 때나 중학교 때 철학이라든지 고전이라든지 그런 거 공부를 시켜주면은 사람들이 많이 깨달을 건데' [하는 생각이 들어요]. 지금도 고전 같은 거 읽으면은 느끼는 게 많더라구요, 이게. 자기 일을 돌아볼 수 있는 기회가 많이 되고 생각을 정리할 시기가 되고….

단지 우리는 기능적인 것만 교육을 하니까 기능적인 면에서 남보다 월등히 잘하고, 그런 거 해서는…, 그렇지만 그 기능을 갖다가 우리가 상실했을 적에는 바로 아무것도 남지 않는 사람이란 말이에요. 그러면은 거기서 자기가 엄청 혼돈과 밑바닥에서 자기 갈 길을 못 가고 혼란스럽고…. 그래서 우리가 인본주의, 그런 생활을 하면은 인본주의, 인문학, 그걸 밑바탕에서 시작을 해야 이 사람이 나갈 수 있고 헤쳐나갈 수 있는 그런 기운과 생각을 접어드는데, 지금 우리나라는 이런 사람들이 대학교 졸업해 가지고 취직자리 없다느니 뭐니, 찾아보면 있는데 안 찾으려고 하고…. 다 똑같이 "하라는 대로 다 했는데, 선생님이 하라는 대로 다 했고 부모님이 하라는 대로 다 했는데 이 모양 이 꼴로 지금 되어 있지 않냐? 그러면 나더러 지금 이 상황에서 내가 어떻게 스스로 생각을 하고 스스로 나아갈 수 있냐?"[라고들 하는데] 그건 아니라고 생각해요. 만약에 사람들이 어렸을 때부터 인본적인 교육을 했으면은, 이런 경우는 사회가 돌아가는 게…….

이런 거 준비해 갔다가 자기가 기능을 쌓고 거기에서 이렇게 출발을 하고 사회에 적응을 하고 이렇게 하면 되는 건데…, 그래서 저도 많이 늦게 이걸 깨달아서…. 참 이런 사고 나고 나서 왜 이렇게 사람들이 악하게, 구조할 때라든지 법원에서 판사, 실세 있는 정치가들, 그런 사람들을 보면서 '왜 이렇게 쉽게 해결되고 저기 할 걸 갖다가 왜 자기, 솔직하게 해결을 못 하고, 구조할 때 당시도 이렇게 못 하고 왜 이렇게 아까운, 피 같은 애들을 이렇게 죽였을까?' [하는] 생각이 [들어요]. 저는 그래서 거기에서 인본, 인간에 대한 탐구를 많이 해봤죠. 근데 하다 보니까 나 자신을 또 돌아보게 되더라고, 그래서 눈물 흘리고…. 내가 학부모 중에서도 나이가 많은 학부모인데, 적극적으로 애 학교에 간섭을 못 하고 멍청이같이 아웃사이더로 떠돌아서, 흘러가는 대로 학교 방침에 그대로 따라가고 이렇게 됐나….

그 결론은 모든 게 '정해진 진리는 없다. 정해진 답은 없다. 단지 내 생각이, 많이 생각하고, 내 생각이 답이다'라는 생각을 해서, '자기 생각을 죽이지 말라. 개인적인 생각을 죽이지 말라. 우리가 개인적인 생각이 다분하게 일어날 적에 거기에서 분명히 답이 있다. 그 답을 찾아야 된다' [하는 거였어요]. 우리는 몇백 명 되는 개인적인 사람이지만 미리 정해진 답대로 가기도 하고, 또 한두 사람의 의견에서 군중심리로 따라가고 그렇게 되잖아요. 그렇게 되면 안 된다[고 생각해요]. 100명이면 100명의 의견을 다 써갖고 오라고 하든지 청취를 해서, 거기서 이상하면은 그 사람 불러가지고 다시 거기 물어보고 그러면 거기에 분명히 답이 있는데…. 그래서 우리나라가 그전부터 독재주의 정치를 많이 펴서, 사람들이 자기 생각을 내뱉는 것을 두려워했잖아요. 괜히 말 잘못하면 잡혀가고 이런, 중앙정보부니 경찰서에 끌고 가서 나쁜 빨갱이니 그런 걸로 몰릴까 봐 사람들이 "입 조심하라"[라고] 어렸을 때부터 저도 그런 거를 교육을 받았고.

선생들은 고등학교 때니 그때 교육을 받았죠, "말 그런 거 함부로 하면 안 된다, 정부 비판". 그때는 제가 고등학교 때 박정희 시대여서 말 한번 잘못하다가는 선생님들이 바로 다음 날 안 보이더라고. 왜냐면은 트인 선생들 같은 경우에는 자기 수업 시간에 얘기를 한다고, 정부에 대해서. 얘기를 하다 보면은 우리는 그때는 모르잖아요. 정부가 대통령 박정희는 위대하고 지금 꼭 우리 국가의 아버지 비슷하게 "저 사람 죽으면 우리나라 망한다. 김일성이한테 당장 공산화되고 빨갱이되고 우리는 총칼에 그냥 다 목숨 잃고 이렇게 된다. 피바다가 된다" 그래 가지고 6·25 때 참극, 반공 교육이라고 해서 6·25 때 참극마냥 북한 사람들이 총, 대검으로 찌르는 그런 장면들을 무수히 보여주고 그러니까, 우리는 그런 걸 보고 자랐기 때문에 반공 의식이 엄청 투철했죠. 그렇지만 트인 선생들 같은 경우는, 외국에 다녀오고 한 선생들은 "어느 정도 우리나라가 잘못되게 흘러간다" 그런 걸 심어줄려고 자기 수업 시간[에] 얘기하다 보면은 다음 날 선생들이 안 보이더라고, 학교에[서] 끌려가 가지고. (면담자 : 그런 일이 정말 있었어요?) 예, 저 고등학교 때 진짜.

그러니까 아까 얘기했듯이 나는 이게 정치적으로 잘못된 교육을 해서, 민주주의라는, 우리나라가 개인적인 의견을 발표를 못 하게 하고, '잘난 사람 뜻에, 실력 있고 실세 있는 사람들한테 끌려가는 게 오히려 답이다' 이렇게 생각해 가지고 자기 생각은 전부 그렇게 갖죠. 그래서 저는 '4·16 이전에는 그렇게 갔지만 4·16 이후에는 이렇게 하면 안 된다. 우리가 생각을 토론적인, 개별적인 그런 문화로 가서, 하다못해 집 안에 있는 가정주부라도 정치인이 모든 게 활동성 있게 나라에서 해줘야 된다. 그냥 집 안에서 식순이마냥 밥만 하고 시장 보고 이런 게 아니라 그 사람들이 이런 동사무소라든지 이런 나라에서 복지센터를 해서, 이 사람들을 어느 정도 반강제적으로 참석을 시켜가지고 거기에서 수다를 떨든지 뭐든지 해서 거기에서 좋은 의견을 참조를 해서 그걸 정치에 반영해 갖고 정치를 하고, 그 사람도 이렇게 함으로써 자기도 참여의식도 높고, 나도 그러면은 사람이 정신적인 스트레스라든지 자기 직업에 대한 소외 문제, 피곤함 그런 것도 없어지지 않나' [싶어요].

요새 사람들이 많이 정신병자라든지 정신질환자들 많이 발생하고 있는 게 뭔가 마음의 벽과 장애가 막혔기 때문에 그런 거거든. 오히려 그런 사람들을 대했을 적에는 진짜 그 사람들이 생각하는 게 답이에요, 보통 보면은. 그 사람들은 진짜 원리 원칙대로 하거든. 이게 우리는 눈치껏 하잖아요. 남들 안 볼 적에는 산에 가서 오줌 대충 아무 데나 누고 (웃으며) 담배꽁초 그냥 슝 하니 버리고 하지만은, 그 사람들은 원리 원칙대로 진짜 화장실 가서 오줌 누려고 하고 그게, 그게 혼란의 가치라는 게 그렇잖아요. 그러니까 우리가 정해진 이 세상에서는 엄청난 경험과 이런 거를, 노하우를 해야 이 세상에서 살아남을 수 있는 거예요. 눈치도 발달되어야, 눈치도 몇 단이어야 되고 물론 정보도 그때그때 뉴스 같은 것도 해야[봐야] 되고, 하여간 법이 시시각각 바뀌니까 그 법도 머릿속에 들어와야 되고….

아무튼 쓰잘데없는 그런 걸로 사람들이 현혹이 되어가지고, 엄청 착하고, 진짜 착한 사람들은 법망에 다 빠져들어 가지고, 오히려 그런 사람들이 괜히 피해를 입는 경우가 많이 있잖아요. 주제가 딴데로 간 거 같은데? 아무튼 그래 가지고 국민 의식이 50대, 60대, 지금 70대들이 정치 일선에서 나라를 좌지우지하잖아요, 지금. 그런 사람들은 박정희 때 독재에, 머릿속에 잔재가 많이 남았어요. 권위 의식, 독재는 권위 의식을 많이 강요하잖아요, 무조건 줄 딱 맞춰야 되고, 부동자세로 있어야 하고 경례도 해야 되고 그래야 자기 권위를 딱 내세우는…. 그렇지만은 미국같이, 이런 자본주의, 아니 이런 민주주의가 어느 정도 성공한 나라 같은 경우는 대통령이 자유스럽잖아요. 오바마라든지 트럼프라든지 보면은 국민들한테 오히려 자기가 인기 끌려고 별 쇼를 다 하면서 자연스럽잖아요. 그런데 우리나라가 노무현 대통령님이 많이 권위 의식[을] 타파하려고 많이 했는데 이명박이랑 박근혜 들어서 다시 위엄을 잡는 대통령이 딱 나와가지고 사람들이 복종을 딱 하고.

무조건 대통령이 말 한마디 안 했다고 해서 구조를 안 했다는 게 나는 이해가 안 가는 거야. 아니, 대통령이 잠을 자든 뭐 하든 그러면 그 밑에 있는 참모들이라든지 그 대통령의 손발이 비서실장 아니여? 김기춘이. 그러면 지가 나와서 진두지휘해야 될 거 아녀, 일단 구조하라고. 왜 그걸 지가 안 했냐 이거여. 아니 대통령, 그래 막말

로 왕이다, 왕은 편안해야 된다 그러면, 그 밑에 있는 참모들은 부지
런해야지. 똑같이 대통령 무서워해 가지고, 그니까 그 사람들 생각
에 뭐가 먼저고 뭐가 나중이라는 걸 모른다 이거여. 무조건 권위가
먼저고 독재가 먼저라 이거여. 군사를 움직이고 하는 것도 대통령이
저렇게 잠자고 그러면은 만약에 북한에서 쳐들어왔을 적에 '대통령
이 명령을 안 내렸으니까 우리가 거기를 막지 않아야 되나?' 그거 마
찬가지로 '지금 얘들이 저렇게 빠져 죽었는데 움직이지 않아야 되
나?' 그거와 똑같이 봤을 적에, 지금 나라의 새싹들이잖아. 그럼 그
런 경우는 국가의 총동원령을 해가지고, 지금 전시체제도 아니고 군
인들 놀고 있잖아. 군인들 신무기, 신장비가 얼마나 많아. 그런 걸
갖다가 투입해 가지고 구해야지.

왜 권위 의식에 빠져가지고 대통령이 명령 안 내린다고 저렇게
두나. 물론 박근혜가 대통령이고 그렇게 참모들을 그렇게 했나 모르
지만은 아무튼 나는 그게 안타깝더라고 너무나. 그래서 지금 아까
얘기한 것은 (한숨을 내쉬며) '바뀌어야 된다'. (면담자 : 깨달으셨다는
거죠?) 예, 깨달은 거. '바뀌어야 된다. 겉이 바뀌는 게 아니고 개개인
속, 사람들 내면, 속을 바뀌어야 된다' 그게 많이 생각이 들더라구요.
바로 종교적인 것도 바뀌어야 되고, 우리가 단순히 교회 가서 내 구
원을 위해서 기도를 하는 것도 좋지만은 천국과 지옥이라고 선 딱
그어놓고 여기 들어온 사람은 천국, 여기 없는 사람은 지옥, 그거보
다도 이 세상을 먼저 천국을 만든 다음에 천국, 그 천국으로 보여야
사람들이 '아, 천국이 바로 이런 거구나' 그래 가지고 좋아하지. 지금
이 지옥을 만들어놓고 천국은 상상적으로 이렇게 만들어놓으면

은…. 얼마든지 이 세상을 천국으로 만들 수 있는 건데, 지금 우리나라를 천국으로 만들 수 있고….

'그걸 위해서는 참 많이, 자기 욕심을 많이 챙기면 안 되겠다'는 생각이 들어요. 지금 욕심 많은 사람이 다 욕심을 낸다고 하는데, 지금 다 알다시피 지금 가진 자들 몇몇, 국민의 몇 프로, 한 5프로가 못 가진 자의 95프로의 물질과 재산이 맞먹는다고 해가지고, 이 부의 편중이 한쪽으로 치우쳐서 자꾸 물질적으로 강요를 하다 보니까, 사람들이 '나도 그쪽에 서야만이 아, 천국행을 탔구나. 나도 그쪽에 서야만이 목에 힘주고 귀족적인 대접을 받는구나' [하는 거 아니겠어요?] 사람은 다 똑같이 존경받고 사랑을 받고 그래야 된다고 생각해요. 내 아들이니까, 내 딸이니까 그거보다도 남의 자식도 다 사랑받고, 그게 진정으로 살아 있는 나라이지(한숨). 지금 내가 뭔 얘기를, 내 가정적인 얘기를 해야 되는데 자꾸 엉뚱한 데로 자꾸 나간다.

면담자   아버님은 기존에 정치적 성향이 따로 있으셨어요?

아라 아빠   없었어요, 4·16 이전에 하나도 없었어요. 단지 저도 하나의 이런 물질만 추구하는, 하나의 저기 무슨, 저기 철학자로 시지프[시시포스]인가 뭔가 하여튼 그런 족속이었죠. 그니까 잊어버렸네, 무조건 왜 죽어라고 돌덩이를 정상에 올려놓으려고 하면은 돌덩이가 떨어져 가지고 다시 또 낑낑대고 올려놓으려고 그러고, 밤새도록 해도 그게 평생 그렇게 등에다 무거운 돌덩이만 짊어지고 다니는 그런 족속이었죠.

면담자   스스로 비하하시는 쪽으로 말씀하시는 거 같아요.

아라 아빠   예, 그렇죠. 왜냐면 우리가, 저도 그래도 대학교 나오
고 그랬는데 사회 나오면 뭔가 휘황찬란했지만 사회생활 겪어도 보
니까 현실이 '내가 참 이렇게 없구나…', 권력도 없고 돈도 없고 그러
다 보니까 거기에 맞추려면은 내 자신이 작아져야지 거기에 (웃으며)
그 집단에서 살아남지. 사장은 이만한데 나도 이만해서 같이 대들었
다가는 내가 거기 집단에서 소외되어서 안 되죠. 그니까 (한숨을 내
쉬며) 사장님 오면 "저는 요만합니다" 하고 그런 식으로 살았죠.

면담자   투표는 하시는 편이었어요?

아라 아빠   투표요? 예, 열심히 했죠. 꼭 했죠, 투표는. 주로 그때
당시에는 저도 민주당이 어떻고, 자유한국당이 어떻고 그런 건 별로
관여 안 했어요. 단지 '아, 저 사람이 나라를 좀 잘…', 국민, 우리가
IMF를 겪고 뭐 이렇게 하다 보니까 이게 '경제적으로 잘 이끌 대통
령인가?' 그것만 생각했죠. 그래 가지고 저도 참 이명박이도 많이 믿
었고, 박근혜도 많이 믿었고 그렇게 했죠.

4
아라와 가족들의 수학여행 준비 과정

면담자   아이들을 어떻게 키우고 싶었다거나, 교육관이나 양
육관 같은 게 따로 있으셨나요?

아라 아빠   글쎄, 저는 그냥 직장생활 해가지고…. 우리 애 엄마
같은 경우는, 저희가 어차피 "이 세상 살아가는 거 이 일 해도 먹고

살고 저 일 해도 먹고사니까 니들은 노래나 부르면서 먹고살아라"
해갖고서, 애 엄마 같은 경우는 애들을 갖다가 음악, 피아노 그걸 집
중적으로 교육을 시키더라구요. 근데 우리 큰애 같은 경우는 소질이
떨어져 가지고 몇십 년 이렇게 해도 두각을 나타나질 않더라고. 근
데 우리 작은애, 아라 같은 경우에는 애가 똑똑해서 그런지 많이 이
걸 습득을 하더라구요. (면담자 : 음악적인 부분을요?) 예. 음악은, 애
는 다방면으로 다 잘했어요. 아라 같은 경우는 계속 음악학원만 자
기 엄마가 보내더라고. 그래서 제가 형편이 그래서 두 개 학원을 보
내기도 그래 가지고 "하나만 했으면 좋겠다" 해가지고 음악학원은
끊고 3학년 때, 5학년 때구나, 5학년 때 속셈학원, 보습학원 그런 데
보냈죠. 그래 가지고서는 그 전까지는 애들이 다 성적이 별로 안 좋
았어요. 그러더니 보습학원 한 몇 개월 다니고 시험 보더니 애가 성
적이 쑥 올라가 가지고 애가 눈이 반짝[거리며] "아빠, 나도 하면 되
네" 이렇게 하더니 스스로 애가 용기를 갖고 진짜 하더라고.

　　그래 가지고서는 줄곧 공부 성적을 보니까 꼭 반에서 5등 안으로
이렇게 유지를 하더라고, 중학교 가서도 그렇고. 그래서 애가 똑똑
했어요. 그래서 처음에 애 낳았을 적에도 사람들이 아라를 많이 부
러워하고, 이런 사주 보는 사람들도 "애가 참 똑똑하고 잘났다"고,
"사주를 잘 타고 태어났다"고, 근데 그러고서는 "생명줄이…" 이런
걸 갖다가 얘기를 하더라구요. 근데 나는 "에이" [했죠]. 나는 그때 당
시에 기독교니까 '미신 그런 거는 사람들 괜히 돈 뜯으려고 하는 거
다. 저게 부적 값 내놓으라고 하는 짓이구나' 하고 무시를 했죠. 근
데 그게 현실로 다가올 줄이야…. 그래서 저는 '사람이 그것도 무시

를 못 하는구나'[라고 생각했죄 주역이라는 거를. 주역이라는 것은 그러니까 하늘의 기운과 땅의 움직임, 세상 돌아[가는] 그중에서 사람들이 돌아가는 그 형태를 보고 자기의 갈 길과 나갈 길을 갖다가 하잖아요. '저것도 무시를 못 하는구나. 하나의 저것도 철학이니까', 그래서 저도 그때 알았어요. 그때 당시 사람들이 배가 안개가 끼고 무리하게 출항하고 그니까, 그걸 주역을 갖다가 등한시한 거지. 그러면 그 당시 주역에 대해서 아는 선생이라든지 누가 있었으면은 "이거는 우리가 갈 길 아니다. 나갈 길 아니다" 해가지고 제지를 했었을 텐데, 그 제지를 못 했잖아.

저도 참 둘째한테 기대가 많이 컸어요. 지금 제가 가정에서 모르지만 둘째한테 내가 꼭 의지하는 것보다도, 얘가 나하고 수준이 어느 정도 맞는 게 〈비공개〉 오히려 나보다도 생각을 많이 하고 나보다도 앞서는 생각을 많이 했고…. 둘째가 비록 고등학교 2학년이지만은, 옛날에는 고등학교 2학년이면 다 컸지. 아무튼 얘가 엄청 성숙했어요, 덩치도 크고 했지만은. (한숨 쉬며) 그때 내가 많이, 지금도 후회되지만은 내가 몇십 년, 5, 60대, 우리 50대 되지만은 참 생각이 [고뤼]했는데, '왜 아라 생각대로 안 하고 내 뜻대로 이렇게 했나?' 많이 후회가 되죠, 그때.

면담자 예를 들어서 어떤 게 기억나세요?

아라 아빠 가기 전에 아라 같은 경우는 지가 컴퓨터로 쳐갖고서 "아빠, 비행기 타면은 사고 나면 100프로 전멸. 배로 사고 나면은 생존 가능성 몇 프로" 그런 거까지 다 통계로 뽑아보더라고, 얘가. (면

담자 : 수학여행 가기 전에요?) 응. "그렇지만은 비행기 사고는 몇만 분의, 몇천 분의 몇. 배는 뭐 몇 분의 몇" [이렇게] 다 하고 하면서…. 처음에는 학교에서 설문조사할 적에 '배로 가느냐, 비행기로 가느냐?' 설문조사를 다 하더라고. 처음에 갈 적에는 비행기로 가고, 올 적에는 배를 타고 오는 걸로 이렇게 써냈죠. 그런데 이게 바뀌어가지고 갈 적에 배로 가고 올 적에 비행기로 오고 그렇게 됐다네. 그래서 내가 아마, 저 "장애인들 수학여행 가는데 비행기로 간대. 그중에 장애인 돌봄으로 지원할 사람은 비행기로 가도 된대. 내가 그거 하려고 하는데 아빠는…?" 그러면은(한숨), '아니, 얘가 어렸을 때부터 지들 엄마가 종교적으로 그런 걸 심어놔서, 자꾸만 장애인들 그런 쪽으로만 신경 쓰고, 지 살 궁리하고 지 잘난 놈들하고 어울리고 이렇게 잘 되기를 바라야지 왜 그렇게 하나' 생각해 가지고 좀…. '괜히 그런 쪽에, 그런 놈들하고 나중에 커서 결혼한다고 하면 어떡하지?' 그래 가지고서 "야, 그냥 수학여행인데 즐기러, 즐기러 가는데 애들하고 그냥 수다 떨고 하는 게 낫지 뭐 그런 걸 가냐?" 그랬죠(침묵).

아는 애들 있어, 몇몇 아는 똑똑한 애들은 그걸 갖다가 감지한 애들이 있었어요. 아라뿐만 아니라 다른 반에서도 안 가려고 하는 거 부모, 아버지가 억지로 나같이 보내는 아버지도 있었고, "야, 추억인데 고등학교 때 그거 안 가면은 진짜 나중에 어른 되어서도 후회한다" 그렇게 꼬시고 달래고 해가지고. 애들은 진짜 무서워서 안 가려는 애들이 있어, 배 타고 그렇게만 가면. 내가 생각해도 잘못됐지. 지금 우리는, 나는 단지 '똑똑한 선생들이 오죽 연구했으면 그렇게 다 했겠냐. 지들이 안전망 뭐 다 했겠지'[라고만 생각했죠].

면담자   위험하지 않을 거라고 생각하신 거죠?

아라 아빠   그렇죠. 그렇게 생각했죠, 지금까지 그런 사고도 없었고. 여기서, 안산에서 제주도까지 배로 가는 게 또 하루 이틀 간 것도 아니고 계속 아무런 사고도 없었고…. 원곡고등학교 개네들 무사히 갔다 왔다고, 또 애네들이 지네들끼리 연락망이 있는가 보더라고, 원곡고등학교에서 "아, 배로 이렇게 잘 왔다", "재미나게 뭐 한다" [하며] 사진, 동영상 지들끼리 보내고. 내가 '그래, 내가 지금 생각은 내 경험적인 생각에 의해서, 지금까지 학습된 생각에 의해서 내 생각이 나지만은, 지금은 제3자이니 다른 사람들은 사람들의 지식과 더 많은 통계를 보고 생각을 한 건데, 내가 단지 그냥 많이 살았다고 내 생각이 옳다 [해서는 안 되지' 하는 생각이 들더라고요]. 그때 처음 깨달았어요, '아, 내 생각이 틀렸구나'. 그래서 지금도 아무리 어리고 젊은 사람들이 생각을 해도 무시를 안 하고, '오히려 자기한테 당면하고, 직접적인 그 사람 생각이 정답이지, 제3자인 내가 거기에 생각을, 길을 만들어주고 하는 거는 잘못된 걸로 이끌 수 있다'[라고 생각해요].

그래서 우리가 보통 그렇게 교육을 받았잖아요. 선생님이 이끌고 학생들은 거기에 따라가고 선생 말에 잘 수긍, 순응하고 거기에 잘 따르는 사람은 우등생, 안 따르는 사람은 수우미양가 해서 미를 주든지 양을 주든지 가를 주든지, 그런 식으로 교육을 했는데, 그 일은 우리가 만약에 독일이니 그런 거마냥 교육이 자기 토론, 창의적인 학습으로 해서, 다 이 내용에 하나에서 열까지 다 외워가지고 그대로 쓰는, 이렇게 암기 위주식의 교육을 안 하고, 주제거리 몇 줄만

따오고 여기에서 애들끼리 [예를 들어] 봄에 대해서 애들하고 막 떠들고 얘기하라고 [하고]. 미국, 이쪽 독일 같으면은 봄에 대해서 토론과 창의를 하다 보면 애들이 창의적으로, 애들이 주도적으로 학습을 이렇게 하잖아요, 그러면은 선생은 뒷전에서 가만히 있고. 우리나라도 교육이 저렇게 됐어야 됐는데, 왜 그때 당시에도 '선생들이 주인이고 애들이 왜 종으로서 거기에 따라가고 이렇게 되어졌나? 주체는 애들인데, 애들 위주로 이렇게 해야 되는데 거기에 학부모도 개입하고 선생도 개입하고 이렇게 해서, 선생들 위주로 애들 생각을 무시하고 계획을 짰나, 그래서 이런 사고가 나지 않았나' 별생각이 다 나죠.

만약에 아이들이 그렇게 했으면 지들이 그렇게 무식하게 했[겠]어요? 여러 가지 방안이 나왔다고. 만약에 배로 간다면 여기서 버스로 목포까지 가, 목포에서 제주도까지[는 배로] 가. 단순하게 그래도 배 구경 실컷 하는 거 아냐? 그러면 이게 제일 안정적인 거 아냐? 올적에는 그러면 비행기로 오든지 버스로 오든지. 버스로 못 오지, 비행기로 오든지 이렇게 하면, 꼭 배를 탈 거 같으면 그런 안전적인 방법 있잖아요. 그럼 우리 큰애도 제주도로 갔다 왔는데 (면담자 : 수학여행을요?) 수학여행을 큰애도. 얘네들은, 이 학교는 목포까지 버스로 갔어요. 목포에서 제주도까지 배로 갔어요. 그렇게 해서 갔다 왔어요, 올 적에 비행기로 오고. 진짜 이거는 무모한 계획이에요, 진짜. 더군다나 첨단, 소프트한 빠른 속도로 움직이는, 저기 해서 무식하게 몇 날 며칠 무슨 배로…, 항해 연습도 아니고. 그런 거는 진짜 뭐가 뒤집어씌운 거예요, 이거는 뭔가 생각에, 여기서 생각을, 예.

면담자   아라가 안전에 대해서 이야기 했다는 건 제가 처음 듣는 이야기인데요. 그 외에 아라가 가기 전에 어떤 마음이었는지, 혹은 어떤 말을 했다든지 좀 더 이야기 해주세요.

아라 아빠   그렇죠, 그래 가지고 지들 엄마는 아라를 가지 말라고 했어요. 딱 끊었어요, 엄마는.

면담자   아라는 수학여행을 가고 싶지 않아 했나요? (아라 아빠 : 아라?) 예.

아라 아빠   그거는 아닌 거 같아요. 가고 싶어 하지는 않고 자기는 내심 '비행기로 갔으면' 그런 생각. (면담자 : 가는 방법에 대해서 알아본 거네요?) 방법이, 예. 그리고 자기네 엄마는 가지 말라고 했거든요, 지들 오빠하고. 근데 내 입장에서는 안 보내면은, 일주일 동안집에서 할 일 없이 엄청 애가 기가 죽을 거 아니에요. 딴 애들 수학여행 갔다 오고, 거기서 [있었던 일] 졸업할 때까지 떠들 거 아녀, 자기 사진 찍어온 거 자랑하고, 재미나게 놀고 추억 쌓은 거. '그러면 우리 아라가 안 가가지고 그걸 갖다가 들으면 얼마나 마음이 아플까? 고등학교 때 그것도 아빠가 안 보내가지고' [하고 생각했어요]. 가지 말라고, 아무튼 지들 엄마하고 오빠는 가지 말라고 했어요.

면담자   엄마하고 오빠는 왜 가지 말라고 하셨어요?

아라 아빠   엄마는 엉뚱한 면이 있어요. 그렇지만은 몇 년 지나고 몇 개월 지나면 그게 답이더라고, 엄마가 결정하는 게. (면담자 : 느낌이 안 좋으셨던 거예요?) 예, 그런 거 같아요. 오빠도, 오빠도, 애는 장난으로 그러는 줄 알았어요, 그냥. "아라야, 그냥 가지 말고 오빠랑 놀아" [그랬어요]. 오빠는 그때 당시에 대학교 졸업하고 군대 가려고 집에서 [있었어요], 그해에 원래는 군대에 입대하기로 되어 있거든요. 근데 몇 개월 동안 집에서 노니까 심심했는가 보지(웃음). 그러니까 가지 말라고 했어요. 그러면서 아라가 "엄마가 배 타는 거 위험하[다고 생각되]면 그럼 나 저기 구명조끼 집에 있는 거 그거 가져갈게" 그러더라고. 그래 나는 "아이고, 큰 배 타고 가는데, 배가 조그만 배 같으면은 풍랑에 휙 하니 뒤집히지만은 큰 배는 안 뒤집혀. 아이고, 되게 걱정하네" [하면서] 내가 그렇게 설득했죠. "더군다나 그 여객선이 엄청 큰 건데 그거는 섬하고 똑같아, 육지하고. 그냥 가는지 안 가는지도 [못 느껴]", 저는 그렇게 얘기했죠. 진짜 사실이었잖아요. 이게 또 현실로 이제 다가오고, 그래서 애는 구명조끼를 가져가려고 했었어요.

그런데 가방 속에 꽉 차니까 어디 들어갈 데도 없으니까 "아라야, 그거 어떻게 가져가냐, 그냥 가방 부피도 작은데. 그리고 애들이 놀린다, 그런 거 갖고 왔다고" [하고] 오히려 내가 말린 거, 진짜 내가 그거 보고 되게 [후회했어요]. 그러고서 아라가 제가 기억했잖아요. 아라 출발하는 날 쉬는 날이었어요. 그날 제가 쉬는 날 족구를 하고 샤워를 하고 집에서 딱 누웠으니까 그때 3시인가 전화가 왔더라고, 아라한테. "아빠, 차에 지금 탔어. 출발할 거야" 하더라고. 나는 그래 족구를 하고 나서 몸이 팍 파김치되고 하는데, 그래도 아라가 전화 오니까 차에 탔는데, 출발하는데 그전 같으면 '아이고, 내가 아차, 족구를 하러 가지 말고 걔네 음료수하고 애들 빵이라도 좀, 초코파이 같은 거 사다 놓고서 기다릴걸' [하는 생각이 들더라고요]. 시간이 없더라고, 가게 가서 뭘 사가지고 차에다 갖다주기가. 그래서 무조건 갔죠. 그냥 빈 몸으로 빈 몸으로 가서, 벌써 1반 순서대로 출발하더라고, 엉겁결에 9반 차에 올라가 가지고 정신없이 들어가니까, 차 안에 보니까 캄캄하게 아무도 안 보여, 아라 얼굴도. 그냥 앞에 있는 선생만 보여가지고 "잘 다녀오세요. 애들아 잘 다녀와" 하고 손 흔들고 차에서 내려왔죠.

그러고서 차 떠나가지고 그러고서 또 내려와 가지고서 봤어요. 봐서, 아라 창가에 앉아 있고 그니까, 아라가 손 흔들고 순간적인 찰나에 아라가 시커멓더라고. 빼쑥 마르고 시커멓게 보이더라고, 순간적으로. 나는 내 눈이 노안이 와서 그런 건 줄 알았어요. 그런데 그게 하나님 계시인지 내가 그걸 깨달은 거야, 시커멓게 그냥, 꼭 불에 타면은 시커멓잖아. 그래 가지고서 나는 그때 당시에 마음적인 조그만 생각에는 '저거 차 타고 쫓아가서 아라를 데리고 와야 되는가?' 그런 조그마한 생각이 우러나오더라고, '인천항까지 따라가 봐야 되나?' [하는 생각이]. 그다음 날 내가 새벽에 출근하니까 지쳐가지고 '아휴, 또 갔다가 차 밀리는데 언제 올라오나. 에이 잘 가겠지' [하고] 막연하게 이렇게 했어요. 그렇게 하고 아무튼 그 아라 죽어갈 때 엄청난 일들이 벌어졌어요. 또 얘기해 줘요? 나 좀 화장실도 가고 좀 쉬었다가 [할까요?]

면담자   예, 쉬었다가 할게요.

(잠시 중단)

45

1회차

세월호 참사에 대한 자책과 아라에 대한 미안함

아라 아빠　　　그 떠나기 전에 제가 원래 산정현교회에 다녔는데, 산정현교회라고 아라랑 같이 교회 다녔어요, 계속 같이 꾸준하게. 지들 엄마는 다니다가 정신적인 갈등이 있어 가지고 쉬고, 그래서 아라랑 저하고는 산정현교회 꼬박꼬박 출석했어요. 아무튼 저는 입장이 '아라를 곱게 키우고, 깨끗하게 키우려고 하면은 그래도 교회에서 이렇게 잘하고 거기에서 영육, 강생을 이렇게 받아야 애가 그래도 뭔가 좋은 사람들 속에서 느낀 점이 있어야 되지 않나' 싶어 가지고 아무튼…. 그리고 아라도 열심히 교회 다니고 했는데, 아라는 계속 교회 다녔고, 제가 가끔…. 저는 너무 일이 늦게 끝나면 집에서 녹초가 되어가지고 주일예배를 늦게 나오는 경우가 있으면은 그땐 멀기도 해서 안 가고 가까운 교회에 저녁에 참빛교회라고 집에 주위에 있는 거기에 갔는데, 그때 마침 『성경』 공부한다고 설교지 갖고 이렇게 하더라고. 그래서 그때 기억이 안 나는데, 기억이 날라가….

　　그 『성경』에 있는 야곱인가, 요셉, 야곱이라고 하나? 야곱인가 그 사람이 자기의 하나님한테 제물[을] 바치려고 하나님이 네 믿음을 시험해 보려고 하나님 제단에 자기 아들을 갖다가 묶어가지고 제단에 바치려고 불을 태웠는데, 그게 나중에 보니까 그게 염소야(웃음), 염소를 태우고 있다고. 집에 와보니까 아들은 그대로 아빠[를] 반겼고, 그래 가지고 하나님이 "네 믿음을 내가 시험해 봤다" 이렇게 했는데, 거기에 대해서 교회에서 설교 말씀 느낀 대로 적으라고 하길래 발표해 보라고, 제가 왜 그런 말 했는지 저도 모르겠어요. 저는 그때 여자 목사한테, 그 목사님은 저희 집안에 대해서 어느 정도 잘 알고, 우리 집사람을 챙기고 그래서 고맙게 생각해서 했는데, 그래서 제가 참 솔직하게 얘기할게요. "하나님은 믿음이 약하면은, 하나님 뜻대로 살지 않으면은 하나님이 자식을 거둔다" 그렇게 얘기를 했어요. (면담자 : 아버님께서요?) 예, 목사님한테. 내가 왜 그렇게 얘기했나, 아무튼 그러고서 막 울었어요, 내가. 그게 이렇게 현실로 된 거 보면은 나는 진짜 미칠 거 같아요. 그래서 내가 그랬어요. 제 속에 있는 뭔가의 영혼이 그 앞날에 대해서 뭔가 괴로워했다는 그런 거 같은데.

면담자　그때 아라는 같이 있지는 않았었나요?

아라 아빠　교회에? 없었죠. 아라는 내내 산정현교회 갔다 오고, 애들하고 동네에서 놀고 그런 상황이었었고, 저 혼자 갔죠. 나는 느낀 게 '그러면 물론 내 밑바탕에 있는 영혼이 아마 그런 장래에 대해서 그런 사건 사고를 예지, 감지를 하지 않았나? 그렇다면은 이 종교를 믿는 수도자, 목사들은 그런 말을 들었을 때는 이 뭔가를 나보다 더 많이 느끼고 저기 했어야 되는데 근데 그 사람들이 그런 거를 나한테 얘기를 안 했을까?' [하는 거였어요]. 그래서 지금 보면은 기존 종교들은 그냥 사람들[한테] "맹신적으로 믿으라", "하나님 따르라", "헌금 바치라" 이런 것만 강요를 하잖아요. 단지 신적인, 영적인 그런 데에서 자기가 도달하고 이 꿰뚫어 보는 사람들은 그런 게 부족[한 것 같아요], 물론 강인한 목사들도 있겠지만은. 나는 거기서 뭔가 누군가가 나를 그런 앞날에 대해서 지침을 내려줬으면, 내가 깨달으고 저기 했을 건데….

그래서 내가 그래, 절대 요새는 사람이, 옛날에 저주라고 하나? 사람을 갖다가 이렇게 함부로 무시하고 "나가 뒤져라" 이렇게 [하면] 말이 씨가 된다고, 옛날에 그런 말이 있는데 '내가 그렇게 말을 해서 그런 일이 벌어졌나?' 아무튼 그런 것 때문에 내가 엄청 죄책감을 지금 갖고 있는 입장이고, '기도를 내가 부족해서 하나님이 그렇게 벌을 내리셨나?' 하는 그런 생각이…. 내가 얘들을 위해서 기도가 끊겨서 그런 건지…. 회사 출근하기 전에 아침에 일어나서 내가 『성경』, 마음이 정리될 때까지 한 장을 읽든 반 장을 읽든 한 구절을 읽든 그렇게 하고서, 새벽에 일어나서 『성경』을 읽고 묵상하고 기도하고 그런 생활을 했었거든요. 그래서 『성경』을 세네 번, 처음부터 「창세기」서부터 끝까지 계속 읽고, 다 읽으면 또 처음부터 읽고 이런 식으로 계속 그런 생활을 했는데, 이 사건이 일어나기 몇 주 전에는 그걸 게을리했어요, 내가 매일 하다가 또 안 하다가…. 아무튼 모든 게 내 탓으로 돌리려고 하는 해석인 거 같기도 한데 아무튼 사건이 일어나기 전에 그런 일도 있었고. 그래서 지금 보면은 말도 내가 조심해서 하고, '누구든지 참, 이 말이라는 게 함부로 할 말이 아니구나, 이 말은 자기 생각에서 나오는 말인데' [하는 생각이 들어요]. 물론 무식한 사람이 시장에서 말하는 거는 아무것도 아닌데, 보통 일상적인 우리로서는 함부로 말 같은 거 하면 안 된다는 생각이 들더라고. 하여튼 그것 때문에 엄청 지금도 괴로워요.

또 떠나기 전에 아라는, 나는 아라 신체가 어렸을 때 보면은 오른쪽 겨드랑이에 이만한 흑점이 있어요. 그래서 "야, 왕건은 옛날에 여기 뒤에 비늘이 있었대. 그게 왕이 될 증거래", 사극에 그런 거 나오잖아요. 그래서 "야, 아라야. 너는 흑점이 여기 하나 [있다]", 얘가 흑점이 이만하게 큰 게 있어요 겨드랑이에, "너는 그게 복을 타고나는 점이다, 아라야" [하고 이야기해 줬어요]. 나는 맨날 얘가 이렇게 보면은 "아빠, 왜 나 점이 있어?" [하고] 어렸을 때 투덜대고 그래. 그러면 "아라야, 그거는 너한테 복이 되는 점이다, 아라야. 네가 좀 큰 사람이 될 그 징표니까 이쁘게 잘 생각해". 그리고 아라한테 내가 그런 말실수를 한 게 "아라야, 니가 얼굴이 형체를 알아보기 힘들면은 아빠가 니 점 보고 니가 아라인지를 안다. 만약에 너하고 나하고 어디 헤어져 가지고 나중에 너하고 나하고 이렇게 이산가족으로 찾을 적에 징표가 그거 오른쪽에 그 점 갖고 너를 찾을 수 있으니까 그거는 소중한 거 같아" 이런 식으로 했거든요(한숨). 그런데 진짜 그 전에 시신이 올라오고 저기 했었잖아요. 아라는 23일 날 올라왔거든요, 162번째로. 그래서 그때 당시는 뭐라고 그래요? 저기 유전자 검사 그런 거를 해가지고 시신을 인계하고 그랬잖아요. 그때 당시 그러면 하루 더 있어야 되거든. 그런데 그때 당시에 나는 아라인지 얼굴 아니까 "이게 내 딸이다", 의사 선생님이 "오른쪽 겨드랑이에 이만한 점이 있다" 딱 보니까 있는 거야. 그러니까 의사 선생님이 "맞다"고 "그냥 내려가라"고 [하더라고요], 왜냐면 확실하니까. 그렇게 해서 그 점이 이렇게 또, 쓰는 게 너무….

애가 참 이 세상에 태어나서, 지는 큰 꿈을 갖고 세상에 애가 태어난 거 같은데 소명 의식을 다하지 못하고 중간에 부모의 능력의 부족과 여러 가지 여건에 의해서 일찍 저거 한 거에 대해서 진짜, 잘못 부모 만나가지고 이렇게 된 거에 대해서, 제대로 밑받침도 못 해주고 어려운 환경 속에서 지가 꿋꿋하게 그나마 잘해보려고 했는데…, 그렇게 되니까 마음이 더 메어지더라구요(침묵). 그래서 아라 같은 경우는, 저하고 집사람하고 솔직히 우리가 사회 초년생으로서 사는 게 빡빡해 가지고 "첫째 낳고 둘째는 우리가 어느 정도 안정된 다음에 낳자" 해갖고서 아라는 오빠하고 지금 (면담자 : 터울이 있죠?) 예, 5, 6년 차이 나, 6살인가. 아무튼 얘가 초등학교 1학년 들어갔을 때 오빠가 중학교 들어갔으니까 6살 차이 나네. 그렇게 차이 나거든요. 근데 얘는 우리 애 엄마가 병원에서 "배가 이상하다" 그래서 진단받더니 거기서 임신 3개월이라고 하더라고. 그래 가지고 진짜 몰래 이렇게 하나님이 주신 그런 자녀로서 태어났는데 그래도 하나님이 "그 가정에 들어가서 네가 하면은 잘 키울 거라" 이렇게 해가지고 보내주셨는데 진짜 제대로 키우지도 못하고 보낸 거에 대해서 주신 선물을 이렇게 지키지도 못하고 한 거에 대해서….

그래서 (한숨을 내쉬며) 저도 생각에 "아, 왜 여기서 남았을까? 부산으로 다시 돌아갔어야 되는데" [하는 후회를 해요]. 제가 아라가 한 3학년 때인가 그때 부산으로 가려는 의지력이 보였었거든요, 다시 부산으로 돌아가려는 의지력. 왜냐면 여기가 공기도 그렇고 환경도 별로고 그래서 공기 좋고 탁 트인 바닷가 그런 데서 애를 키우면서 생활하려고 했었는데 그걸 실천을 못 한 거에 대해서 마음이 저기 하더라고. 애들이 큰애가 대학교 들어가고 그러니까 어떻게 움직일 수도 없더라구요. 그래서 아라하고 약속을 했어요. "아라야, 고등학

50

아라 아빠 김응대

교 여기서 졸업해 가지고 네가 여기 서울 근교, 그래도 괜찮은 대학교 가면은 여기서 살고, 아이고 만약에 이름 없는 대학교 가면은 어차피 부산 가도 좋은 대학교 있으니까 우리 부산 쪽에 있는 대학교 다니고 거기서 살자" 이렇게 약속을 했어요. 그래 가지고 아라가 그렇게 하기로 하고 일단 고등학교 여기서 졸업을 해서 대학교 때 그날 결정하려고 [했었지요]. 그때 당시는 오빠도, 그렇게 되면 오빠는 군대생활 하는 경우에 군대생활 하고 나는 어차피 버스 경력 있겠다, 거기 가서 새로 직장 잡으면 될 거고….

내가 그런 계획 속에, 이게 사회생활 하다 보면은 뭔가 자기가 이런 틀에 박힌 자기 하나의 직업만 갖고는 세상에 이것저것 하면서 살아가기가 힘들 거 같아 가지고 '버스 운전도 한번 해봐야 되겠다' [라고 생각했어요]. 왜냐면 나이 먹고 이거는 경력만 있으면 어디 가나 자리가 있으니까, 내가 제주도를 가든 어디를 가든 일단 경력이 있고 하니까, 또 노동임금 가치가 어느 정도 생활수준 되니까, 나이 먹어도 생활할 수 있으니까 그래서 내가 버스 그거를 한 이유거든요. 나이 먹어가지고 부산 가서, 어디 가서 이런 공장에 취직하기가 그렇잖아. 그래서 그렇게 계획을 짰었죠. 아무튼 이 시기가 참 "내가 때와 시기를 놓쳤구나" 하는 안타까움이 들더라고. 그때 3학년 때 오빠가 고등학생인가 그렇게 되지만은 그래도 전학하면 되니까 그때 결정했었어야 하는데 못 한 게 후회스럽고, 너무 안일하게 내가….

그리고 아라가 학교 선택할 적에 문제는 제일 가까운 게 우리 집에서 단원고였었죠, 단원고였거든. 단원고는 우리 집에서 교문 앞에까지 100미터도 안 돼요. 바로 지금까지 이사 안 하고 거기서 살고 있는데 애는 경안고등학교니, 아니면은 저기 기숙사, 자율형 기숙사 학교로 가기를 원했거든요. 그랬는데 그때 당시 엄마가 반대하고, 나로서도 딸이 기숙사 생활하는 게 불안하고 그래서 대학교나 가면은 기숙사 생활하고, 고등학교 때 기숙사 생활하는 게 그래서 내가 가까운 데 여기 가라고 했는데…, 왜냐면 그게 내 이기적인 마음이었죠. 어떻게 보면은 내가 조금 잠[을] 아침 일찍…, 엄마가 몸이 아파요, 그래서 가정생활을 못 해요, 그래서 내가 아침에 일어나서 쉬는 날은 아침을 해서, 내가 아라니 오빠니 학교 보내고 그러거든요. 그래서 그때 당시에 내 이기적인 마음에 조금 내가 잠 더 자려고 아라를 가까운 학교에 보냈나 싶기도 하고…. 그러고 아라가 조금, 지는 엄마가 그러고 아빠가 그러니까, 지는 아예 고등학교 때 아예 기숙사 생활을 하기를 원했는데, 원래는 거기 가려고 서로 아라하고 저하고 마음이 맞았어요. 거기 시흥에 있는 공립 자율학교 이름이 잊어버렸는데[함현고등학교], 시흥에 있는 공립 자율학교 거기가 아라가 졸업할 적에 제1기 졸업생이 된다고 하더라고. 그때 당시만 해도 외고니, 자율형 고등학교니 이게 그때 당시에 득세였거든, 인문계보다.

왜냐면 거기에서 우수한 애들 모여가지고 공부 가르치고, 거기서 진학률도 높고, 수준별로 애들을 가르치니까 아라는 그런 쪽으로 가가지고 지가 그 분위기 휩싸여서 지는 열심히 이렇게 공부를 해가지고 이렇게 하려고 했었는데 그렇게 선택을 못 하게 한 게 머리 나쁜 아빠가 참 많이 제재를 한 거지. 이게 참 애는 너무 크고 똑똑한데 우리가 감당을 못 해준 게 조금 한스러울 뿐이죠. 만약에 참 풍족

하고 그런 집안에서는 지가 원하는 대로 다 하고 살았고, 지금 창창하게 커나갔을 건데, 우리 집에 들어온 게 참 잘못 들어온 거 같아요. 그래서 지금도 생각은, 마음이 그렇지만은 "아라가 영혼이 새로 들어온다면은 오빠가 빨리 안정되고 결혼해서 오빠 딸로 다시 태어나서, 우리 집에 들어오기를…" 그런 마음으로 그냥 생각하고 있어요, 근데 참….

면담자　　　부모님들께서 자책을 많이 하시는데 (아라 아빠 : 예, 그렇죠) 사실은 부모님들의 탓이 아니잖아요.

아라 아빠　　　그렇죠. 원래 그게 그러니까 누가 세월호 사건에 대해서 명확하게 낱낱이 국민들한테 알려주면은 부모 된 입장에서도 속 시원한데, 사고 난 결과는 있는데 원인은 없단 말이여, 항상 결과는 원인이 따라야 되는데. 그 원인을 지금 국가에서 파헤쳐 줘야 되는데 힘없는 우리 유가족들이 그거를 갖다가 찾으려니, '그럼 원인은 나다' 스스로 거기서 잡고서 들어가 가지고 '원인은 나다. 내가 원인이다' 이렇게 스스로 하는 거예요. 그 결과에 대해서 그 승복을 하다 보니까, '그 원인은 내 스스로, 내 가족, 나다. 내가 못났고 내가 저기 되어서 그런 결과가 일어났'[라고 생각하게 되는 거지요]. 그니까 국가의 책무로써 그거를 다 해줘야 되는데, 국가는 국민의 생명과 안전 그런 거를 지켜주지 못한 거에 대한 자기 책임 의식하에, 미안하면 그걸 낱낱이 파헤쳐 주고 [해야 하는데], 맨날 파헤쳐 주다가는 국가 군사기밀이니 국가안보니, 아니, 세월호 사건에 대해서 무슨 국가안보니 뭐가 필요해? 거기서 다 막히고, 지금 북한하고 우리나라하고 지금 팀스피릿 훈련이니 그런 거 다 없어진 마당에. 지금 철책선에는 초소도 다 없애고 장벽도 없애고 하는 판에 국가안보니 그런 걸, 그거 가지고서 자꾸만 이유를 대고, 아무튼 그 사람들은 나는 국민이 받을 충격 때문에 국가에서 숨기는 거 같아. 뭔 일이 있나는 모르겠지만 원인은 분명히 있다고 봐요.

6
세월호 침몰 소식을 듣고 진도에 가기까지

면담자   아라가 장애인 학생 도우미로 간다고 했을 때 아버님이 반대 의견을 명확하게 표현을 하셨어요? (아라 아빠 : 예) 그랬을 때 아라는 바로 수긍을 한 거구요?

아라 아빠   글쎄요, 아라 같은 경우는 현재 아빠가 권위자니까 그 권위에 눌려서 수긍한 거 같아요(한숨). 자기가 고집이 셌으면은 그렇게 했을 건데, 애가 크면서 눈치를 보더라고. 어렸을 때는 지가 하고 싶은 대로 다 하고 사달라는 거 다 해주고 땡깡도 부리고 그랬으면은 오히려 났는데, 애가 더 크면서 세상의[을] 보는 눈이 있다 보니까, 그런 거 있는 거 같아요. 어렸을 때 오히려 천진난만하게 하고, 지 하고 싶은 대로 했으면은 오히려 아빠를 기를 눌러가지고 설득을 해가지고 지가 하는 대로 해서 갔으면 됐는데…. 아라는 바로 수긍한 건 아니죠, 조금 못마땅한 수긍한 거죠. (면담자 : 결국 그거에 지원을 하지는 않았던 거네요?) 예, 지원 안 했어요.

면담자　　　　　장애인 학생 도우미로 간 학생들이 따로 있나요?

아라 아빠　　　 그거는 모르겠어요, 왜냐면은 그게 배로 먼저 출발하고 비행기로 가는 애들은 그다음 날 떠나기로 했대요, 장애인들은 비행기로. 다음 날 제주도에 바로. 아라가 그러더라고, 아라가 그다음 날 비행기로 한 선생님이 인솔하에 장애인을 돌봐야 되니까, 휠체어를 밀어줘야 되고, 그런 거 시다바리도 해야 되고 그래야 되니까.

면담자　　　　　사건 소식을 들으셨을 때로 넘어가도 괜찮을까요? (아라 아빠 : 예, 하세요) 떠오르시는 거 있으면 언제든지 얘기해 주세요. (아라 아빠 : 예) 처음에 사고 소식을 어떻게 들으셨나요?

아라 아빠　　　 그러니까 제가 그때 차를 몰고, 버스를 몰고 총신대 이수역, 서울 이수역 거기를 들어갈 때였어요. MBC 라디오 양희은 하고 누구야, 강석우인가 둘이 방송했나? 그때 긴급 소식으로 전하더라고. 그래 가지고 제주도로 가는 그때는 "여객선" 이렇게만, 자세히는 안 나오고, 침몰했다고 그래 가지고서 저는 '에이, 우리 꺼 아니[겠지]'라고 나는 생각했죠. 그러더니 점점 들어보니까 그게 우리 배 같은 느낌이 자꾸 들어오는 거예요(한숨). 그래서 진짜 그런 상황에서는, 그래 가지고서는 좀 있다가 보니까 "구조를 차분히, 열심히 잘하고 있다"고 (면담자 : 운행 중에 다 들으신 거죠?) 예. 그래서 "지금 열심히 구조하고 있다"고 그니까 '그러면 그렇지. 구조가 하면 되겠지' 나는 단지 머릿속에서 딱 들어왔을 적에 '아, 배가…' 우리가 보면은 이런 저기 그거 보잖아요. 뭐 영화 있잖아요, 그거 뭔 영화지? 틴, 틴?

면담자　　　　　〈타이타닉〉이요?

아라 아빠 　　〈타이타닉〉. 그런 배마냥 우리가 참 한쪽 뒤부터 이렇게 가라앉거나 이런 식으로 나오잖아요. 그래서 옆으로 가라앉는 거는 생각 못 하고 그래 가지고 '아, 큰 배가 옆에다 대가지고 사다리 놓고 이렇게 구조하고 있는가 보구나' 그렇게 생각하고 '애들이, 아라도 거기서 잘 건너오고 또 타고 잘 걸어오고 있겠구나' 이렇게 생각하고 있었죠. 그러면서 전화는 못 하겠더라고. 괜히 전화하면 아라가 탈출하는데 전화받으려고 신경 쓸까 봐 그냥 전화 못 하겠더라고. 그냥 속으로만 기도하고 있었죠. 제가 기도해, '무사히 나오게, 구조 다 해, 아무튼 하라'고 그렇게 하고 있었죠.

면담자 　　그때는 단원고 학생들이 탄 배라는 거는 알게 되고 나서인 거예요?

아라 아빠 　　예, 여기서는 '포렌식 단원고'라고, 안산에 있는 모 학교 수학여행이라고 이렇게 나오더라고. 그래 가지고 모 학교면은 '아, 이게 단원고다' 그거 또 나는 반반씩 의심했죠. 또 '단원고 아니면 다른 학교라도 우리 학교다' 그래 가지고 내가 그렇게 하고서 차마 아라한테는 전화를 도저히 못 하고, 그리고 학교에다 전화를 했죠, "이게 단원고냐"고 그랬더니 그렇대요. 그러고서는 맥이 쫙 풀리더라고. 그렇게 하고 맥이 쫙 풀려서는 하늘이…, 어떻게 할 수가 없더라고(침묵). 그렇게 하고서 바로 과천 거기서부터 비상 깜빡이 키고 회사로 바로 들어왔죠. 차를 몰고 와가지고서 오니까 그러고서 돈통 집어 던지고 바로 집으로 출발하는 중에 승용차 안에서 "전원 구조됐다"고 두 번이나 나오더라고. 막 사방에서 친구들한테 오는 거예요, 동료들한테. "형, 애들 다 구조됐으니까 그냥 와서 다시 일해" 어떤 사람은 그렇게 하고 "그래도 가봐야지. 어떻게 됐는지 사람들 눈으로 확인해야지" [하기도 하고] 어떤 얘들은 "그럼 가서 확인해봐, 뭔 일 있나" 그리고, 회사에서는 "가서 확인하고 별일 없으면 오고 아무튼 마음대로 하라"고 이렇게 왔죠.

그러고 나서 학교로 갔지. 갔는데 4층에 그때 사람들이 모여가지고 거기에는 "전원 구조" 그 자막만 계속 뜨는 거예요, 학교에서는. 내 생각에는 그때 당시에 학부모들이 이런 돌출 행동이라든지 기물 파손 그런 게 염려스러워서 안심시키려고 일부러 그런 거 같아요. 그러면서 내가 물 먹으려고 3층으로 내려왔어요, 그 교무실로. 그 교무실에 딱 보니까 제일 학교에서 먼저 알고 있었어. 거기에 벌써 반별로 다 이름 체크하고 있던, 해놨던데, 몇 반 몇 명, 몇 반 몇 명, 몇 명, 몇 명 생존자, 그게 동그라미 친 게 생존자 명수더라고 보니까, 지금 생각하니까. 근데 학부모들은 그때 눈치챈 사람들은 눈치채고 모르는 사람들은 그때까지 전원 구조인 줄 알고 있었죠. 그렇게 하고 시에서 마련한 버스 타고 학부모들이 몇 대가 갔죠, 아라 엄마하고 나하고 짐 챙길 것도 없고 그냥 빈 몸으로.

면담자　　　버스가 몇 시쯤 출발하셨는지 기억나세요?

아라 아빠　　그때? 그때 한 10시쯤, 10시 반쯤에 출발한 거 같아요. (면담자 : 꽤 일찍 출발하셨네요) 예, 10시 반쯤에 출발한 거 같아요, 10시 반쯤에 출발했어. 출발하고 중간에 애들이 배가 막 그 관광버스 안에, 배가 침몰한 게 요 바다가 여기라면은 배 윗대가리만 조

57

1회차

금 남고 그렇더라고. 그 구조하는 과정 다 보여주지만은…, 그래 가지고서 그때 당시에 사람들 오열을 토했지, 뭐. "아, 저 상태면은 애들이 다 빠져 죽었다" 학부모 중에 누군가 얘기하니까 사람들 오열하지, 버스 안에서. 그래도 혹시나 하는 마음에 그 안에 서로가 연락을 해보고…, 살았느니 어떤 학부모들은 자기 아들은, 자기 딸은, 자기 가족은 살았다고 좋아하는 사람도 있는가 하면은, 근데 그 사람도 알고 보니까 유가족으로 되어 있더라고, 잘못 이름을 알은 거 같더라고. 나는 가면서 계속 기도만 하고 있었지요, 어떻게 알아볼 수 있는 방법도 없고.

처음에 진도체육관 거기에 버스가 가서 명단, 입구에 명단 다 있더라고. 그게 눈이 캄캄해서 안 보이는 거여. 정신 차려가지고 [다시 보니까] 없어요, 생존자가, 이름 중에 아라가. 거기서 우리 아라 엄마는 미쳐가지고 씩씩거리고, 진도체육관으로 가서 마이크에다 대고 "이 쌍놈의 새끼들" [하고] 욕 해대고, 난장 막 피우고 나는 그냥 털썩 주저앉고, 그냥 땅 만지면서 어떻게 할 방법이 없더라고. 누구한테 어떻게 해, [생존자 명단에] 없는 걸…. 보니까 생존자들은 담요 뒤집어쓰고 컵라면 먹는 것도 보이고…. 그러면서 우리 유가족들 때문인가 빨리빨리 그 상황을 수습하더라고. 거기 있는 사람들이 생존자들을 갖다가 빨리빨리 정리해 가지고 어디로 피신을 시키든지, 하여간 하더라고, 하는 게 보이더라고. 그 나머지 있는 사람들 그렇게 하고 있다가, 그날 거기서 있다가 또 팽목항으로 갔죠. 거기는 그때 당시에 숙소 같은 것도 제대로 마련되지 않은 상황에서 팽목항으로 갔죠.

그때 텐트가 어디 어디 방송에서 한두 개, 두 개 쳐놨는데 그 텐트 안에서 여러 명이, 비도 부슬부슬 오고 그래서 저는 '참 애들이 물속에 있는데 내가 비 피하려고 있냐' 하면서 우리 집사람도 그렇고, 집사람은 집사람대로 돌아댕기고 나는 나대로 돌아댕기고, 거기만 응시하고 그냥 있었죠(침묵). 계속 있다가 그날 하루 지나, 그날 저녁에 시신 두 구 건졌다고 나오더라고. 근데 그때 최혜정 선생, 9반 담임선생하고 누구 학생 하나가 올라온 거야, 시신이. 그다음부터 시신이 하나씩 하나씩 올라오기 시작하는 거죠, 다음부터. 우리는 그때 당시만 해도 '제발 저 시신 중에 우리 딸은 없었을, 없길 바랍니다' 하고 기도를 했죠, 마음속으로 멍청하게, 아무튼 조그만 생존의 희망의 가닥이라고 잡으려고.

　　그때 당시 우리 유가족들 대표단을 '이러면 안 되겠다' 싶어 가지고, 처음에 질서도 없고 그 와중에 김정…, 김영옥인가[김수현 서해지방해양경찰청장] 그 해경, 그 부장 그놈이 마이크에다 대고 떠들고 그럴 적에 우리 유가족들 중에 누가 그냥 "똑바로 얘기하라"고, "지금 사실대로 하라"고 그 사람 싸대기 때리면서, 그냥 그 사람 막 마이크 잡다가 도망가고…. 아무튼 그 사람들 이름은, 하여간 목포해경청장이니 그런 사람들 나와서 마이크 잡고 뭐 하고 하는데, 아무튼 시간 끌기 작전인 거 같더라고. 계속 엉뚱한 얘기를 하고 "지금 구조를 하고 있으니까 안심하라" [그리고] "지금 애들, 생존한 애들이 있냐?"[라]고 유가족들이 물어보면 거기에 대해서는 명확한 답변 같은 것도 안 해주고, 자기네들 지금 구조자 투입했다 하지만은 형식적으로 배만, 주위에 보트 타고 빙 뱃소리만 내고 돌아댕기고, 조명탄만 수없이 쏘아대고 형식적으로 몇 날 며칠 아무런 활동도 안 하고 그 짓거리만 하고 있는 거 같더라고. 내가 말이 이렇게 나오지만 진짜 그 짓거리였어요. 진짜 실질적인 행동은 하나도 안 하고 국민들한테 그때 당시 "그냥 해군 몇십 척, 잠수사들 몇백 명 동원해 가지고, 헬리콥터 몇, 수십 대 떠가지고 그냥 구조하고 있다"고 국민들한테 보여주기식으로 텔레비전 방송 나가게끔 자기 정부가 이렇게 열심히 하고 있다는 거 그런 식으로만 했지 실질적으로는 조명탄만 쏘고 아무런 거 하나도 안 했어요. 그냥 떠오르는 시신 그거나 건져가지고 갖다 바치는 거, 거의 그런 일밖에 안 했어요, 계속 그렇게 하고 있었지.

그렇게 하고서 우리 유가족들이 집단을 결성해 가지고, 그 사람들하고 같이 집단을 결성해 가지고 유가족들 명찰 주고 같이 모이고 결성을 했지. 그때부터 단합을 하고 하니까 정부에서 자기네들도 대표단을 꾸리고 우리가 저기[구조] 소홀히 하니까 청와대로 진격한다고, 관광버스 타고 청와대로 가는 도중에 진도, 좀 지나서 고속도로에서 길이 막혀가지고 진입을 못 하게 하더라고. 그때부터 정홍원 총리인가 그 사람이 내려오고, 그때부터 지네들도 발등이 불이 떨어졌나, 총리 내려오고 그러더라고. 그러면서 서로가 자기네들끼리 유가족들을 갖다가 조금이라도 잠재우려고 하지만은 이 부모 잃은 자식들이 눈에 보이는 게 있나. 그 와중에서도 어느 정도 리더, 일가견 있고 그런 학부모들이 대표단을 꾸려가지고서 그 사람들, 그 정부 대표단하고 구조할 수 있는 거, 그 사람들[에게 요구하고 했었지]. 벌써 우리는 포기했지, 그 사람들도 포기하니까. "이왕 시신이나 온전하게 빨리 인양을 하는, 해야 되지 않냐?" 해가지고 했는데 그것마저도 제대로 소홀히 하니까 더 열불 나는 거죠.

잠수사 제대로 투입도 못 하고, 잠수사, 민간 잠수사들이 배를 타고 자기 사비 들여가지고 왔다고 하더라고, 그러면서 자기네들이 출동을 한다 하더라고. 그래서 유가족들이 그 사람들한테 그 자기가 덮고 있는 모포[를] 배[에] 실어주고, 자기가 먹을 거, 그때 구호품이 나오는 게 있으니까 배 실어주고 유가족들이 했어요. 정부에서 해준 게 아니고 유가족들이 구호품 들어온 거 그 사람들 먹을 거 배에다 실어줘 가지고 출동해 가지고 그 잠수사들[이] 일차적으로 출발을 했어요. 그래서 잠수사 말 들어보니까 "해경이니 뭐니 지켜보고만 있지 거기에 아무런 저기 구조 그런 거 안 하고 있다"고 하더라고. 최초로 유도 밧줄, 왜냐면 유도 밧줄이라는 게 배하고 그 침수선하고 캄캄하니까 그걸 잡고서 내려가야 되잖아, 그것도 민간인들이 했고. 그 사람들이 나중에 다시 돌아오더라고, 배고파서. 기름이 떨어져 가지고 왔는데 자기네들이 해경한테 먹을 거하고 기름 좀 대달라고 했대요, 배에. 근데 해경에서 "그거는 못 해준다"고 했대. 그래서 우리 유가족 (면담자 : 누가 그랬어요?) 민간, 민간인한테. 그래서 우리 유가족들이 그걸 갖다가 들고일어나 가지고 윽박지르고 해가지고서 해줄 수 있게 많이 힘 저기 하고, 아무튼 계속 연속이었죠.

　　그런 시신 몇 명하고 구조라기보다도 "이 인양을 어떻게 하는 거냐?" 그거하고 밤새 토론하고 "바지선을 갖다가 왜 안 오느냐?" [등등] 여러 가지 [이야기를 나눴어요]. "바지선이 오다가 되돌아갔다" 그런 말도 있고, 그 왜 되돌려 보냈는지 바지선이라도 빨리 와가지고 침몰하는 배에, 왜냐면 그때는 배에 부력이 있어 가지고 금방 가라[앉지 않고] 서서히 가라앉거든. 일단 밑에 땅이 있어 가지고, 그러면

배를 갖다가 그게 30미터라면은 수심이, 배가 100미터 넘으면은 바지선이라든지 이게 밀고만 있어도 배가 이렇게 완전 침몰하지는 않는데, 그러면 그중에서도 살아 있는 사람이 있으면은 물에 뜰 거고, 그래도 물에서 뜨면은 이렇게 구조라든지 인양하는 데 수월하지 않냐? 그런 것도 일부러 안 했고, 점점점 완전 진짜 수장시키려고 정부에서 계획을 했는지 의심되게 행동을 했으니까, 다.

왜냐면 지금 배가 먼 인근에서 그렇게 했는데, 그러면 몇 시간이면은 저기 모든 장비들이 다 투입될 상황인데, 해군도 있고 우리나라에 그 옆에 삼호조선, 조선 중공업도 있고 그런데 그런 거를 정부에서 명령과 지시를 해갖고 출동시키라고 해야지. 우리 유가족[이] 그런 거 일일이 다 체크해 가지고서 "이렇게 해라, 저렇게 해라" [하면 그제야] 마지못해서 따라가지고 했었거든요, 자기네들이 자발적으로 이렇게 한 게 아니고. 다 유가족들이 "이렇게 해라, 저렇게 해라" 그럼 마지못해서 어떻게 해서든지 안 하려고 했었다고. 그냥 수장시켜 가지고 올리려고 한 건지…. 진짜 (한숨을 내쉬며) 나는 지금까지 배 인양하고 시신 지금 끝까지 찾고 한 것도 우리 유가족들이 다 이 피켓 들고 정부를 갖다가 압박하고 목소리를 키워가지고 이렇게 된 거 아니에요? 자기네들이 솔선수범해 가지고 이렇게 한 것도 아니고, 지금 해경은 청와대 눈치나 봐가지고서 자기네들이 소극적으로만 움직이고…, 왜 그랬는지 나는 이해가 안 가는 거예요. 자기네 자식과 자기네 혈육이면은 그렇게 했을까? 한 나라의 대통령과 이 권력을 잡은 사람들은, 국민들을 자기 자식과 [같이] 느꼈으면은 그렇게 하지 못했을 건데, 이거는 사람을 갖다가 하나의 노예 아니면은 인간 이하, 이런 식으로 계층화시켜 가지고, 시민이 주인인 나라가 아니고 자기네가 주인인 거마냥, 하나의 종 부스러기 몇 명 죽는 거 눈 하나 깜짝하지도 않는 그런 권력구조인 거 같아 가지고….

　그렇게 하고서 계속 밤마다 회의하고 뭐 하고 그랬죠. 그래 가지고 그때 당시에 주로, 내가 이름을 잊어버렸네, 지금 집에 책이 있는데, 그때 누구 목포해양청장인가 그 사람이 주로 와서 우리 유가족들한테 브리핑을 했었어요. 그 사람이 했는데, 그 사람[한테] 우리 유가족들이 "야, 해양수산부 장관[은] 뭐 하나?" [하면서 따지기도 했어요]. 해양수산부, 그 사람 며칠 돼가지고 내려와 가지고 왔지만은, 해양수산부 장관하고 해경청장은 내려왔지만 그때 청와대 있는 누구한테 전화를, 이름을 기억 [못 하겠는데], 하여간 그 사람이 전화를 하니까, 직접적인 구조하는데 할 사람은 연락이 안 되어가지고 전화를 받지 않고, 또 누구는 그때 당시 골프채 가지고 밤에 뭐 했다는 말도 있고, 하여간 연락이 안 돼요. 여기는 진짜 아수라장인데 그 윗선에 청와대니 그 라인 쪽에는 여기서 연락이 안 되니까, 거기서 명령이 안 내려오고 여기서만 니들끼리 알아서 해라는 이런 식이에요. 여기서 아마 그 사람들이 만약에 했었으면, 여기만 아예 잿더미 만들고 싹 없애버렸을 거 같아. 그렇게 하고서 각지의 국민들이, 시민들이 팽목항으로 수십만 명이 몰려들어 오니까 지네들도 겁이 났던가 봐요. 그니까 그때서야 국군기무사 소속 대원들이 치안유지 한답시고 내려오더라고. 비밀 정보수집 하고, 그때 그래 가지고서, 그중에서도 유가족들하고 일반 시민들하고 분리를 시키는 그런 것도 하고 하더라고.

면담자　　　혹시 직접 목격하신 거 있으세요?

아라 아빠　　직접 목격, 무슨 목격이요? (면담자 : 부모님들이랑 일반인들을 분리하려는 시도를요) 천막을 쳤을 적에 유가족실 따로 있고 일반실 따로 있고, 그렇게 하고 자기네들이 유가족들이면은 주위에서 감시를 사복 입고 하더라고. 그리고 무슨 얘기하고, 정부에 대해서 얘기하고 하면은 오히려 우리를 공격하는 말투로 얘기하고 [하더라고요], 쉽게 얘기하면은 "이런 데서 그런 말하면 안 되죠" 이런 식으로. 〈비공개〉 아무튼 그렇게 국군기무사 그쪽 정보원들이 사복 입고 많이 감시를 했었어요, 그때 당시. 그래 가지고 아무튼 그 사람들 목적이, 우리한테 숨죽이고 배 침몰시키면 침몰시켰나 보다, 수장시키면 수장시키나 보다, 수긍을 하라고 하는 건지 그걸 모르겠단 말이에요, 이유를 지금도. 아마 지금도 우리 유가족들이 이렇게 구호를 외치지 않고 했으면 시신 이렇게 많이 인양하지 못했어요. 만약에 [아무것도 안 했다면], 떠오르는 시신만 건져 갔겠지. 그 배 속에 그대로 있었을 거예요.

　　김진태 말대로 거기다, 그냥 애들 수장시킨 데 거기다 무슨 기록관 세워가지고 뭐 한다고? 무슨 해양, 그게 말이나 돼? 일본인가 어디는 (한숨을 내쉬며) 자기 와이프가 여행 중에 배 침몰했는데 일부러 자기가 잠수 그걸 배워가지고, 정부에서 안 해주니까 자기가 잠수를, 그거를 배워가지고 시신을 찾아가지고서 했다는 거 하듯이, 그때 당시 저도 아빠로서 진짜 아무것도 못 하고, 육지 같은 거는 불이라도, 불났으면은 뛰어들거나 하지. 이거 참 뛰어들지도 못하고, 바다 속이라 이거 참, 수영을 해서 마음은 가고 싶지만은, 이거 애타는…. 자기네들이 장비 같은 거 다 있으면서 제대로 하지도 못하게 하고, 그렇게 하고서 맨날 시신이 계속 올라오고 학생들이 올라오고 일반인들이 올라오고…. 저는 그래[서], 23일 날 우리도 그때 당시에는 빨리 다 포기한 상태지. '이제 시신이라도 거둬야 되겠다'라고 생각하고 있었어요].

우리 유가족들끼리 모여가지고 있으면은, 먼저 시신 이렇게 가져가면 "아이고 그래, 일찍 찾으셔서 좋네" 그래. 찾자마자 올라갔거든요. 그래서 저도, 23일인가 사고 난 해역 간다고 하더라고, 해경 경비정이 두 대가, '그래. 사고 해역 가야겠다, 한번' 그래 가지고 사고 해역에 이렇게 배가 멀찌감치 한 바퀴 돌아가지고 왔어요. 그때는, 그때 당시는 조그맣게 여기만, 배 대가리만 보이고 부표 있고, 그거 보고서 마음속으로 그냥 '아라야, 빨리 와라' 그렇게 생[각하면서] 속으로 울먹이면서 왔어요. 오니까 누구 같이 내려간 친척 중에 내가 가기 전에 얘기했거든. "아라는 단발머리고 키는 180[cm], 176이고 뭐 옷은 이런 거, 이런 거 가져갔다" 그러면서 얘기하니까 내가 "이모부 저기, 그 이모부가 말한 대로 아라가 시신 건져 온 거 같아. 가서 확인해 봐" 그래 가지고 갔지. 가니까 진짜 아라가 벌써 관 속에 냉장 관 속에 들어 있더라고.

면담자   팽목으로 가셨어요?

아라 아빠   그때? 팽목항. 그때는 팽목항, 팽목항에서 시신 저기 했죠. 거기서 확인하고 그리고 검사한테 입회하에 시신 인계, 그다음 날 시신, 우리 아라 데리고 저는, 딴 사람은 헬기로 가고 했는데 나는 아라하고 같이 가고 싶어 가지고 장의사 프리미어인가 그 차 타고 같이 왔어요. 그래 가지고 어디 병원이더라? 어디 병원인지 모르겠네. 그 요양병원 비슷한, 요양병원도 있고 그런 데인데 거기서 아라, 일반 장례식장이 아니라 거기는 임시로 하는 저기더라고. 여기가 [자리가] 없으니까, 안산에 장례할 데가 없으니까 수원으로도 가고 부천으로도 가고, 장례식장[을]. 우리는 다행히 안산에 요양병원에[서 했어요]. 거기는 전문적으로 장례하는 데가 아니고, 물론 거기도 영업을 하기는 하는데, 장례 영업을 하기는 하는데 크게 하는 데가 아니라 딱 두 개 동밖에 없더라고.

그래, 거기서 그냥 아라 혼자 단독으로 거의 한 4일장 했었죠, 4일 장. 무슨 한…. (면담자 : 한도병원이요?) 아니, 한도 아니고 저기 제일 장례식장 밑에 보면 저기 자동차 정비소 있는데 거기, 거기 있는 데 인데. (면담자 : 거기서 장례를 치른 학생이 많이 없는 거죠?) 예. 하여튼 아라는 거기서 했어요.

면담자　　　진도에 친척분이 계시다고 말씀하셨는데, 친척 중에 진도에 내려오신 분이 있었나요?

아라 아빠　　　예, 우리 조카하고 우리 형제들 이렇게 내려왔었죠. (면담자 : 아버님 형제들이요?) 예. (면담자 : 조카는 부산에서요?) 아니요, 부산에 있는 애가 아니라 천안에 있는 조카하고 처제하고 이렇게 같이 왔더라고.

면담자　　　친척분들은 아라가 올라올 때까지 계속 같이 있어주신 건가요?

아라 아빠 김웅대

아라 아빠   무슨 일 때문에 오래 많이 못 있었고, 아라 시신 찾고 나서 그 사람들은 갔지. 갔고 시신 찾[고 나서], 장례 같이 올라오는 건 울산 고모하고 고모부하고 같이 올라와서 장례 같이 치르고 이렇게 했었죠.

면담자   아라 친구 부모님들과도 면식이 있으셨나요?

아라 아빠   예, 물론 있었죠. 원래 제가 학교행사 때 유일하게 아버지가 참석하는 사람이 저였었어요, 학교 여기. 그래 가지고 학교 참석할 적에 많이, 향매 아버지 알고, (면담자 : 누구요?) 향매, 다인이, 편다인 아버[지], 엄마 알고, 그다음에 혜선이 엄마 얼굴 알고. 그래 가지고 이상하게 다인이, 향매하고 아라하고 다인이하고 이렇게 친했다고 하더라고. 아마 향매하고 다인이하고 같이 있었는 거 같아. 거의 같은 시점에 올라왔어요. 우리 다인이, 우리 아라 올라오고 나서 다인이 올라오고 그다음에 향매 올라오고, 그렇게 올라왔어요. 얘들이 아마 같이 있었는 거 같아.

    그래 가지고 내가 장례 치르고 팽목항에 뭔 일 때문에 갔었잖아요. 이 피켓[팅]하러 팽목항에 이렇게 같이 갔었잖아요. 그때는 "유병언이가 나쁜 놈이다" 정부에서 이런 식으로 오도 해가지고 우리도 그런 거 "유병언이도 잡아내라", "처벌하라" 피켓시위도 하러 가고 그래 가지고, 오다가 생존자, 우리 9반 생존자 누구네한테 전화번호 알아가지고 그 사람한테 전화했죠. "왜 아라는 어떻게 못 왔냐"고 직접 전화 못 하고 문자로 보냈죠. 그 사람이 몇 시간 있다가 지 아버지한테 문자가 왔더라고. "아라가 탈출하는 과정에, 배가 넘어지면서 옷장, 캐비닛 넘어뜨려 가지고 문을 막아가지고 애들이 못 빠져나왔다"고, 아라뿐만 아니라 9반 애들이, 배가 넘어지면서 자기네 9반 있잖아요, 거기에 출입구를 막은 거예요, 그래 가지고 못 빠져나왔다고. 그 생존자 두 명은 어떻게 살았냐면은, 걔네들은 배가 쾅 소리가 났을 거 아니에요? 그니까 지네들이 뭔 일인가 하고 대표로 두 명을 가서 보러 나간 거예요. 방송에서는 애들 "가만히 있으라"고 했는데 두 명이 가서 무슨 상황인지 보고 온다고 그러니까, 그래 가지고 걔들 애들 두 명은 살았고 나머지는 죽은 거라고 하더라고.

면담자　　　그 친구한테 아버님이 직접 문자를 보내신 거예요? (아라 아빠 : 예) 그 친구의 아버님이 답장해 주신 거구요? (아라 아빠 : 예) 그 이후로 연락해 보신 적은 없으신 거죠?

아라 아빠　　　연락 못 했죠, 그 사람도 마음도 그렇고 나도 마음도 그렇고. 그 사람들도 그때 당시에는 생존자 가족하고 우리하고는 기분이 틀리니까, 서로. 그들은 얼마나 기쁘겠어, 우리는 얼마나 슬프[고]…. 서로가 말, 소통이 안 되지, 소통하는 입장이 아니지.

7
언론에 대한 불신과 참사 관련 내용을 기록하지 못한 것에 대한 안타까움

면담자　　　진도에 있을 때 언론의 모습에 대해서 이야기를 해주세요.

아라 아빠　　　그때 당시에 우리가 알고 있는, 그때 당시는 JTBC보다 MBC가 대세였었잖아요. MBC에서 여자 앵커가 와가지고서 보고 있더라고. 왜냐면 그 정보원, 그런 데서 이렇게 방송하라고 한 거 같아. 바깥으로 배경 잡고 이렇게 하고서 "지금 여기에는 뭐 뭐 합니다. 지금 구조대가 많이 해가지고, 헬기가 몇몇 떠가지고 열심히 구조하고 있습니다" 이렇게 생방송 진행하더라고. 그때 우리 심정은 옆에서, 일부 지식인들하고 우리 유가족들은 "야, 때려쳐라. 무슨 쌩 거짓말하고 있냐. 지금 애들 아무 짓거리도 안 하고, 지금 애들 아무런 구조도 못 하고 있고, 그렇게 방송해서 지금 무슨 열심히 구조하고 있냐"고 우리가 항의를 했죠. 그래도 이름 없는 저기[방송]에서는 공정하게 방송을 했지만은 그거는 대중매체 속에, 이 국민들 속에 알려지는 거는 힘들었고, 그래서 국민들은 그런 [사실들을] 세세하게 모르죠. 오히려 이름 없는 데서는 진실 보도를 했는데, 그때 당시만 해도 스마트폰이 많이 대중화가 안 됐었거든요. 몇몇 갖고 있는 사람만 갖고 있었지.

그 스마트폰 갖고 있고 그런 사람들은 SNS를 통해서 많이 진실을 접촉했지만은 이 방송을 본 사람들은 허울 속에 놀아난 거고. 그때는 그렇게, 스마트폰이 그때 당시에도 만약에 그랬으면은 방송에서도 그렇게 거짓말을 안 쳤을 건데, 그 거짓말이 금방 탄로 나니까. 나도 그때 당시 스마트폰을 빨리 적응을, 빨리 알고 했으면은 녹취로 찍고 이렇게 했으면 했는데 그거를 갖다가 제대로 그때 [못 해가지고], 산 지 얼마 안 돼가지고 사용할 줄을 몰라가지고 녹음도 못 하고 영상도 못 찍고 그랬는데, 지금 생각하면 그게 [아쉽죠]. 그때 당시에는 '딸 잃었는데 그런 게 뭐 필요하냐? 아라가 있은 다음에 해야지'

그래서 우리 아라가 사용하던 이런 핸[드폰], 초등학교 때 사용하던 핸드폰이니 다 있지만은, 나는 포렌식 작업도 안 했어요. '하면 뭐 하냐. 딸이 있어야지 뭐 하든지 하지' 그래 가지고 솔직한 마음으로 기록 같은 거 할 저기도 없고 그래 가지고, 당사자는 진짜 마음이 낙심이 되어가지고 못해요. 그냥 속에서 간절한 마음 그것만 바라보고 속만 타는 입장이지.

그러지만은 생생한 기억은 지금도 하죠. 내가 그래 가지고 혹시나 해가지고 '내가 이런 일이 있나? 있을까?' 싶어 가지고 그날 장례 치르고 나서 여기 써놓은 게 있어요. 나도 뭘 썼는지는 모르지만은 한번 읽어볼게요, 읽어볼게요.

면담자   아버님께서 괜찮으시면 오늘 구술은 그걸 읽어주시면서 마무리하면 어떨까 싶어요.

아라 아빠   그래요. "4월 배 침몰, 2014년 4월 16일 8시 58분. 완전 침몰 10시 04분".

면담자   그게 언제 쓰신 거죠? (아라 아빠 : 이게? 장례 끝나고) 예, 그럼 쭉 읽어주세요.

아라 아빠   장례 끝나고 혹시[나 해서]…. "수학여행 4월 15일 4시 30분경 인천항으로 출발. 아라가 '아빠, 떠난다'고 하여 급히 학교로 가서 차에 들어가 아이들한테 '잘 가라'고 하고 떠나는 차 옆에 가서 손을 흔들었다. 그것이 아라 얼굴 마지막. 아라 엄마도 와서 전송했다". 내가 원래 눈이 나빠서 안경을 써야 되는데 [잘 안 보이네]. "예정대로 나는 회사에 16일 출근하여 두 바퀴째 돌고 관양동쯤에 와서

'배가 침몰했다' 하여 뉴스[에서], 급한 마음에 곧바로 아라한테 전화를 했어야 하는데 못 하고 단원고등학교에 전화하니 단원고가 맞다고 해서 멍청하게 아라한테 전화를 않고 그저 돈통 떼고 단원고로 달려갔다. 오는 중에 '전원 구조됐다'고 해서 일단 안심하고 확인차 단원고로 갔고, 마찬가지로 구조됐다고 해서 일단 진도로 버스 타고 출발. 처음에는 부모, 유가족이 안심하면서 갔으나, 버스 TV에 배가 점점 침몰하고 선두[선수] 조금밖에 안 보이자 사람들은 울부짖으며 이성을 잃었다. 연락도 되지 않은 상황에 구조된 사람들 명단 확인하느라 난리였다. 계속 기도하면서 갔으나 진도에 도착해[도] 구조 명단에 아라는 없었다. 1차 구조에 실패하면 더 이상 불가능하다는 것이 불안했고, 뒤쪽에 가서 체육관 뒤[에서] 울면서 절규했고 아라 엄마도 이성을 잃은 뒤 마이크를 잡아채어 사람들한테 마구 욕을 퍼부었다. 답답한 마음 감추지 못해 팽목항으로 갔다. 구조 현황을 지켜보니 구조될 기미는 보이지 않고 성난 학부모들만 마구 소리 지르며 배 안에 갇힌 아이들 살려달라고 애걸복걸, 폭언. 상황 지휘부는 어떻게 할지, 학부모들을 달래는 데, 변호하는 데 바쁘고 정작 필요한 조치는 취하지 않고 있다. 점점 희망을 잃고 있는데 날은 어두워지고 조명탄만 밝히고 수색하는 데 초점만 맞춘 듯하다".

아무튼 이거는 내가 그때 당시 기억을 잊어버릴 거 같아서 쓴 거거든요. "새벽 0시 경에 시신 두 구를 발견했다고 해서 급히 아라 엄마와 함께 시신을 확인하러 갔다. 아라 엄마는 미친 듯이 사람들을 헤집고 두 번째로 시신을 확인하는데 옆에서 슬쩍 보는 게 아니라 구급차 위로 올라가…". 아라 엄마가 적극적이거든. 시신을 그냥 사람들 헤집고 가서 이리저리 막 저기 한 거예요. "시신을 이리저리 살피면서 오랫동안 있었다. 사람들은 '저 아줌마가'[라고 하며] 다른 사람들 확인하게 빨리 내려오라고 아우성했다".

그게 처음 오는 시신이라 사람들이 다 몰린 거예요, 거기에 온 게. "결국 시신 두 구는 2학년 9반 담임 최혜정 선생과 여학생 한 명이었다. 나는 꼭 안심이⋯". 안심이라고 한다는 건 아라가 안 죽었고 살아 있을 거라고 생각하고 [했던 거죠]. "'아라가 아직 죽지 않고 배 안에 갇혀 있으니 살아 있겠지' 하는 막연한 기대감으로 밤을 보냈다. 그리고 다음 날 낮에는 밝으니 본격적으로 구조 활동하겠지. 그럼 우리 대한민국 해경과 훈련된 군인, 청년 장병 있으니 원시적인 배 침몰쯤 [구조] 못 하랴". 이때까지만 나라를 믿었죠, 이 첨단 장비를 갖춘 나라인데. "그러나 지휘본부는 우왕좌왕 계획적인 계획도 없었고 구조할 장비조차 준비하려 하지 않았다. 다만 헬기만 왔다 갔다, 배만 해경이 왔다 갔다 하고". 그때 당시 해경들은 왜 이렇게 많이 오고 무슨 육군 중위, 육군 중령, 제복 입고 제복 자랑하러 왔나, 수없이 내려왔어요. 아니, 뭐 하러 내려왔나? 장비 가지고 구조하러 와야지, 하여간.

"조명탄만 쏘아 올리고 시신도 발견 못 하고, 배에 잠수부 침투하지 못함. 아무런 성과도 [얻지] 못 하고 아까운 시간만 허비하고 학부모들은 'UDT가 왔으니 빨리 선체에 침투하여 구조를 하라'고 했지만은, '명령을 내리라'고 해경에 협박했지만은 부청장의 명령은 사고 지점에서 실무진에게 먹혀들지 않았다". 아마 이때 해경, 해경청장 이 사람도 명색만 해경청장이지 실질적으로 해경을 관리하고 뭐

아라 아빠 김응대

하고 하는 거는 실세적인 누가 또 있는 거 같아. 내가 알기로는 정보부나 국군기무사 그런 쪽에서 따로 명령을 하달받은 거 같아. "나중에 안 사실이지만 그들은 무서워서 물살이 센 몽골수역에 감히 들어가려 하지 않았던 것이다". 거기에 몽골수역이 물살이 엄청 세대요. (면담자 : 맹골수도요?) 맹골수도. 이게 시신이 걸리면은 막 찢겨나간대, 팔다리가 그냥. 거기 민간인한테 얘기 들어보니까 위에는 잔잔하지만 밑에는 물살이 엄청 세다는 거야. "오후 들어 민간 잠수부가 나타났다. 민간 잠수부[가] 동원된 것도 학부모들의 아이디어로 나왔다. 나타났지만 해경 쪽에서는 같이 구원하려는 의도는 없었다. 구조하려는 [의도는] 없었다".

그니까 같이 협력해서 이렇게 민간 협력해서 해야 되는데…. "하지 않았다. 오히려 그들의 구조를 방해하려는 듯 자기들의 무능한 것이 외부에 알려질까 봐 잠수부를 못 하게 했다". 그렇죠. 그니까 잠수부들[이] 했으면[했는데] 지들 못 하면 그게 탄로 나니까. "오후가 되어 시신 몇 구가 인양되었다. 혹시나 하는 마음에 가봤다. 여학생들이었는데 상처는 없고 잠자는 듯 깨끗했다. 금방이라도 깨어날 것 같았다". 진짜 나도 매번 다 봤지만 애들 깨끗했어요. 하나 상처 없고 그냥 호흡만 불어넣으면 금방 깨어날 거 같았[고], 눈동자도 새카맸어요. 뭐 하나 부패한 것도 없고. "인공호흡 하면 살 것 같았다. '물살이 세다'는 등 이런저런 핑계를 대면서 구조를[는] 물 건너간 것 같았다. 숙소에 머물렀다. 처음에는 안정된 숙소를 찾지 못하고 집사람도 구석진, 후미진 곳에 처량하게 지냈고 나 역시 의자 옆에 쭈그리고 자는 둥 마는 둥 하고, 날이 새자 옆 천막에 자러 가러 잠을 청하려 했으나 발길 등이 돌아가는 소리, 카메라, 발전기 돌아가는 소리, 카메라 차, 보도 차량의 장비 설치하는 소리에 좀처럼 잠을 이룰 수 없었고". 그때 당시에 외부에서 보도 차량들이 설치하고 난리 났었거든. 왜냐면 그때 당시에 전기장치도 없어 가지고 자급자족으로 발전기 돌려가지고 막 해야 될 입장이고 그러니까.

"다시 밖으로 나왔다. 나는 나대로 집사람은 집사람대로 정신이 나간 사람처럼 마냥 이리저리 헤매고 다녔다. 혹시나 하는 마음으로 사람들 몰린 쪽에, 가족상황실에 귀 기울이면서 다녔고, 한편으로는 집사람 걱정도 되고 식탐이 없는 사람이라". 이 사람은 밥을 누가 챙겨주지 않으면 안 먹어요. "먹는 것도 걱정되었다", 집사람이 걱정됐다 이거예요. "그러나 우리가 먹는 것이 중요하냐. 저 배가, 지금 우리 딸을 생각하면은 좀처럼 식욕이 땡기지 않았고 초조한 마음에 담배만 피워댔다. 비가 내리고 천막 안이[에] 물이 들고 대규모적으로 정부에서 가족들이 기거할 수 있게 대형 숙소를 A, B, C동 세 개를 만들고 그쪽으로 이주하게 했다. 나는 상황실이 가깝고 해서 이동하지 않고 그대로 있기로 했고". 저는 바닷가 근처에 있는 거하고 나머지 동은 저쪽 육지 쪽에 텐트에 있고. "나는 상황실이 가깝고 해서 이동하지 않고 그대로 있기로 하고 좋은 자리, 중앙 쪽에 다시 기거할 곳을 찜하고 옆에 있는 사람들과 인사를 나누며 지냈다".

안산에 혼자 있는 ○○, 아라 오빠가 이름이 ○○거든요. "○○가 걱정되었고 전화를 해도 안 받고 해서 주위 삼촌, 아저씨와 정원 부동산에", 동네 주위 사람들한테 "집 비밀번호를 알려주고 가보라고 했다". 내가 쓰다가 더 썼어야, 쓰다가 하도 눈물이 나서 그쳤네.

"원래 늦잠 자는 아들이라 늦게 일어났던 것이다. 전화에 관심 없는 놈이라 전화를 잘 받지 못하고 다소 불안했던지 엄마를 찾는 전화는 몇 번 왔다. 친인척, 친구, 동료들로부터 안부 전화가 계속 왔다. ××이"는 막내 동생[인데]. "부부가 왔다. ××도 왔다. 조금은 힘이 되었다". 그래도 그때 당시 친인척들이 오니까 좀 힘이 되더라고. "추리닝과 몇 가지 옷을 가져왔다. 급한 마음에 집사람 옷을 갈아입 혔다. 오후에 갔고, 산정현교회에서 ×× 목사와 여집사 몇이서 왔 다. 남은 비통한데 웃으니 다소 기분이 언짢았다". 남은 슬퍼 죽겠는 데 "김 집사님 아이고…" [이러면서] 웃으면서 반기더라고. "대접할 기분도 없고 그럭저럭 보냈다". 여기까지 썼네요, 더 이상 썼을 건데.

면담자   이 메모를 하신 종이가 아라 장례식에서 쓴 방명록인 가 봐요?

아라 아빠   예, 방명록. 내가 이거 쓴 거 잊어버릴까 봐 일부러 여 기다 썼어요. 딴 노트에다가 쓰면은 잊어버릴까 봐 일부러 여기다 썼어요, 혹시나 해가지고. 여기, 이거는 가지고 있어야 되니까.

면담자   오늘 3시간 동안 고생하셨습니다. (아라 아빠 : 그래서 벌써 5시네) 오늘은 이걸로 마치겠습니다. 혹시 오늘 꼭 하셔야 되는 말씀 생각나는 거 있으세요?

아라 아빠   글쎄, 없어요. 정신이 멍하네요.

면담자   감사합니다.

2회차

2019년 3월 18일

1

시작 인사말

면담자　　　본 구술증언은 4·16 사건에 대한 참여자들의 경험과 기억을 기록으로 남김으로써 이후 진상 규명 및 역사 기술에 기여하고자 합니다. 지금부터 김웅대 씨의 증언을 시작하겠습니다. 오늘은 2019년 3월 18일이며, 장소는 안산시 단원구 4·16기억교실입니다. 면담자는 이예성이며, 촬영자는 강재성입니다.

2

아라의 원한에 대한 책임과 4·16 이후 종교활동의 갈등

면담자　　　지난주에 구술증언 하시고 힘드시지 않으셨어요?

아라 아빠　　아니요, 힘든 건 없고 이 기회를 통해서 응어리진 거를 풀어낸다는 거에 대해서 오히려 정신적으로 이게 도움이 될 거라고 생각해요. 왜냐면 속에서 나 혼자만 그거를 고민하고 생각하는 것보다도 남한테 발설함으로써 사회에 여러 사람들한테 알려진다는 것이 괜찮다고 생각합니다, 예.

면담자　　　구술 전에 기억을 해내는 게 조금 그렇다고 하셨는데, 기억해 내기가 어려우신 건가요?

아라 아빠　　예. 아무튼 특별히 이런 일이 있을 거라고는 생각을 안 했기 때문에 내가 따로 메모 같은 거를 집중으로 안 했고, 그냥

79
•
2회차

그때 당시에는 울분과 절규, 그거를 사람들한테 호소하는 입장이기 때문에 이런 날이 오[리]라고는 생각을 안 했죠.

면담자   지난 시간에 정확히 기억이 안 나서 제대로 말씀해 주시지 못하셨던 거 오늘 확인해 오셨다고 하셨죠?

아라 아빠   예, 그니까 아라 장례를 치른 장소가 기억이 안 나서 얘기를 못 했는데, [그게] 베스트힐스요양병원.

면담자   베스트힐스요양병원에서 아라 장례를 치른 거군요.

아라 아빠   예, 여기가 전문적으로 장례를 치르는 데가 아니고 어디 부속인데, 안산 무슨 산재요양병원 그쪽 병원하고 연계해서, 그쪽에 있는 장례식하고 연계해서 하는 데라 들어갔구요. 보면은 장례식장이 크질 않고 방 하나만 있는 데 거기서 이렇게 했습니다.

면담자   그때 자리가 없을 때여서 그러신 거죠?

아라 아빠   그렇죠, 자리가 없고 그러니까 거기에 참 다행히 여길 해갖고 여러 지인들이, 아는 사람들이 "찾아오는데 참 수월했다"고 하고, 아무튼 그때도 아라가 많은 선행을 베풀고 많이 알려져서 그런지 방문객 수가 엄청 많이 왔었어요. 그래[서] 여기 방명록에 다 못 적어가지고 따로 노트를 사가지고 여기다도 적을 정도로 이렇게 장례를 치렀습니다, 그래서.

면담자   혹시 장례식 때 아라 친구들이 왔나요?

아라 아빠   예, 물론 아라 친구들 왔죠. 아라하고 인연 있는 애들. 초등학교, 아라가 여기 고잔초등학교 졸업하고 단원중학교 졸업하고 단원고등학교 갔는데 거기에 또래 애들이 거의 돌고 도니까. 그리고 여기 아라가 그 전에 학원 다녔던 애들, 동아태권도 거기도 쭉 다녔었는데 거기서도 많이 오고, 거기서 관장님이 애들 직접 이끌고 두 번씩, 세 번씩, 한 세 번 왔나? 이렇게 온 걸로 기억해요. 아라가 자기가 태권도를 [하고 싶어 했거든요]. 하도 사회가 위험스러우니까 저도 그랬고 "호신용으로 좀 배워라"고 (면담자 : 언제 했어요?) 고등학교, 중학교 졸업하고 나서 이렇게 했어요. 고등학교 한 1학년 때까지 했는데 한 몇, 한 1년은 채 안 된 거 같아요. 중간에 지들 엄마가 아라가 힘들어하고 공부도 하고 그것도 하고 힘들어하니까 하나 포기하라 그래서 그걸 포기하고 공부 하라고 해서, 나중에 대학교 간 다음에 다시 시작하는 걸로 아버지하고 약속하고 그렇게 했어요, 그때.

면담자   아라 친구들 중에서 지금까지 연락을 하는 친구가 있을까요?

아라 아빠   길게 연락은 하는 건 없고, 저기 서호추모공원 거기 가면은 아라 친구들이 아라하고 찍은 사진도 붙여놓고 메모도 해놓고 그러더라구요. (면담자 : 친구들끼리 따로 방문하고 있는 거죠?) 예. 지네들이 거기 아라가 있다는 걸 알고 그나마 최근까지 그런 경우가 있는 거 같[아요]. 그리고 어떤 친구는 아라 생일날 같은 때 이렇게 와가지고 추모하고 그러다 우연히 우리하고 마주쳤는데 생일날, 그래 가지고 걔가 집이 여기 안산 이쪽이더라고. 그래서 같이 거기서 아라, 사 간 케이크하고 같이 나눠 먹고 그런 경우가 있어요. 걔 이름이 ××인가 아무튼.

면담자　　그러니까 그렇게 오는 친구들이 중학교나 초등학교 때 친구인 거죠? (아라 아빠 : 예) 4·16 이전부터 그 친구들을 알고 계셨던 건가요?

아라 아빠　　저는 몰랐, 저는 모르고 아라만 저기 했죠. 아라가 사교성이 좋아요. 다른 애들한테 이렇게 부담 갖고 이런 것도 없이 사교성이 좋아 가지고, 무조건 아라는 거의 다 애들이 좋아하는 편이에요, 잘 따르고 지도 애들한테 친절하게 하고 그러니까. 애가 참 그래서 오히려 그런 면에서는 '참 사회활동도 잘할 거다' 이렇게 생각했죠. 그래 가지고 아라 같은 경우는 그림도 잘 그리고 하여간 음악적인 재능도 있고 다방면에서 그러니까 나는 "초등학교 선생님 하면 어떠냐?" 그랬더니 장래 꿈을, 지는 "아휴, 아빠 나는 교실에서 딱 갇혀서 있는 게 싫어" 그러더라구요. 그러면서 자기는 꿈이, 저희들 아버지들 욕심에는 그냥 보이는 거, 명확한 거, 안정적인 거 이렇게 하길 원하죠. 예를 들어서 교사, 법률가, 의학, 이런 쪽으로 원하잖아요, 주로 애들 잘나면은. 근데 아라는 지가 도시공학디자인과 (면담자 : 목표가 구체적이네요) 가가지고, 그 "가서 공부 좀 하고 싶다"고 이렇게 하더라고.

　　그래서 저도 그거 꿈이 그거인지 몰랐어요. 그런데 아라 일기장을 이렇게 보고 나서 애가 그런 [걸 알았죠]. 그러고는 내가 봤죠. 도시공학디자인과 되고 [대학 간 후에도] 활동성 있게 [하면 좋겠더라고요]. 그리고 지가 나중에 그림 공부도 좀 해보고 싶다고 이렇게 [말]

아라 아빠 김응대

하더라고. 애가 특별히 그림을, 학원을 다니[는 것도 아닌데], 한 번도 안 다녔는데 단지 3, 4살 때 지들 엄마가 사슴 그리는 법, 고양이 그리는 법, 그런 게 책이 나오더라구요. 매무새 이렇게 이렇게 틀을 잡아가지고 그 포인트를 어떻게 어떻게 살리고 그런 책을, 그걸 스스로 그거 책을 보고 공부하고 익히고 그래 가지고서 학교 교내에서 무슨 상을 많이 받았어요, 장려상이라든지 입상을. 아무튼 중학교 때는 거짓말 안 보태서, 냉장고에, 하여튼 붙여놓을 데가 없잖아요. 상장 가지고 오면은 자석으로 냉장고에 붙여놓잖아요. 계속 빡빡하게 붙여놓고 그게 붙일 데 없어 가지고 다시 오래된 거 다시 회수하고, 그걸 아라 저기 방에 이렇게 있는데, 중학교 때….

그래 가지고 최근에도, 고등학교 때도 요번에 졸업할 적에 명예 졸업식 했잖아요. 거기서 상 받은 게 독도 수호 거기에 대해서 포스터를 했는가벼. 거기에 대해서 장려상을 받았더라고, 상장하고 졸업장하고 같이 껴서 나왔더라고. 아무튼 그래서 저는 참 제 딸이지만은 참 우리 집안에서 지금까지 그렇게 상 받고 다소곳하게 이쁘게 자란 사람이 없거든요. 지들 고모들이나 삼촌이라든지 내 형제들 이렇게 봤을 적에 그렇게 학교생활 참 특출나게 잘하는 사람 없어요. 진짜 상이라는 거는 (웃으며) 우리 집에서는 우등생은 없었고, 겨우 개근상 그런, 가끔가다 글짓기나 그런 거 정도 받았지만은 그렇게 상 많이 받고 그런 애는 없었어요. 오히려 저렇게 크면서 아버지인 저로서는 든든했죠. 왜냐면은 나는 점점 노쇠하지만은 저렇게 총명한 딸이 있으니, 내가 꼭 물질적으로 의지하는 것보다도 정신이 맑잖아요. 잘 크고 그러니까 이제 안심하지….

83

2회차

'오히려 우리 집안에 대들보 역할을 할 애다' [하고 믿고 있었어요]. 〈비공개〉 지금도 아라가 없어 가지고 저는 엄청 불편한 게 많아요. 그래서 제가 나이를 먹고 그러니까 IT니 그런 거에 대해서 실력이 없고 그러다 보니까 뭐 하다가 일이 막히면은 진짜 힘들더라구요. 그래서 그때는 아라 같은 경우에는 이렇게 부탁을 하면은 몇 분도 안 되어서 다 처리해 주고…. 그전에는 스마트폰이 발달되지 않았을 경우에 어디 여행이라든지 놀러 가고 그러면 아라가 컴퓨터 다 쳐가지고 지도니 교통 방향이니 그런 거 어디서 몇 분 거리이고 그런 거 다 여행 계획을 짜고 이렇게 했는데 지금은…. 아무튼 아라하고 저하고는 많이 저기 쿵짝이 잘 맞았어요. 그래서 마음적으로 든든하고 이렇게 참 그랬어요. 지금 그래서 없으니까 진짜 제일 내가 불안한 게 (한숨을 내쉬며) '우리 집안을 이거 어떻게 누가 이끌고 갈 건가' 막연한 저기만 드는 거예요, 관리할 사람도 없고.

면담자   사고 후에 희생자들의 친구들도 많이 힘들어했고, 친구들이 희생자들에 대해 이야기를 하기도 하는데, 아라 친구들을 보면서 아라에 대해서 새로 알게 된 게 있으실까요?

아라 아빠   글쎄, 지금 그거는 그렇게 많이 생각 안 했어요. 단지 '아라하고 친한 친구들은 조금 슬프겠구나. 그렇지만은 걔들도 이제 자기 장래에 대해서 [준비해야 할 것이고] 뭐 이제 연애하고 이렇게 하면은 금방 지워지겠지' 그냥 그 생각이에요. 〈비공개〉 그래도 그때 당시에 내가 보기에는 생존자 애들 같은데, 고등학교 졸업하고 생존자인데 그런 슬픈 기색은 안 보이는 거 같더라고. 보면 뭐 옷도 화려

하게 입고 지들끼리 그냥 카메라 찍고 히히덕거리고 하는 거 보면은, 오히려 그런 거 보면 우리 유가족들이 더 마음이 저기 아프죠. 〈비공개〉 그런 거 볼 적에는 오히려 내가 '아, 쟤, 쟤구나. 쟤가 저렇게 하는구나' 그런 거 보면 나는 더 마음이 아프죠.

그래서 교회를 지금도 출석 못 하고 있어요. 뭣 모르고 습관적으로 세월호 참사 나고 나서는 몇 개월 동안 다니던 거라 다녔었죠. 교회에서 아라 조문도 오고 그래 가지고 그 당시에 거기에 답례도 할 겸 거기에서, 답례도 할 겸, 떡도 그 교인들한테 이렇게 고맙다고 이렇게 했고, (면담자: 그런 것도 하셨네요) 예. 그래서 그렇게 하고 나서 점점 이런 대조가 되더라구요. 그때 당시 박근혜 정권 있을 당시에 일부 교회에서는 세월호 사건에 대해서 이거는 뭔가 이게 정부의 잘못이니까 진실을 [말]하는데 이렇게 호응을 하는 교회들이 많이 있었잖아요, 그리고 그저 그냥 외면하고 그냥 나 몰라라 하는 식으로 하는 교회들도 있었고. 보면은 우리 교회 같은 경우에는 이렇게 열심히 호응하고 그런 건 없더라고. 왜냐면은 이게 가보면 알거든. 광화문이니 뭐니 사람도 집회 같은 거 할 적에 그래도 지각 있는 교인이라든지, 수녀님이라든지 이런 사람들은 진짜 꼭꼭 참석하고 많이 하거든요. 그런 거 봤을 때는 뭐 그 이런, 교회에서 그런 게 없으니까 조금 이런 이질감이 좀 생기는 거 같더라고, 이질감. 그래서 지금은 '내 마음하고 좀 틀리구나' [하고 생각하게 되었어요]. 왜냐면 사람이 자기 생각과 동질성이 있어야만이, 같이 동질감이 있어야 이렇게 서로가 얘기도 되고 소통도 되는[데 그게 잘 안돼요]. 나는 지금 딱 이런 생각을 하고 지금 고민이 이건데, "열심히 교회 나오라. 와서 하나님께 충성하고 감사를 해라" [하면], 지금 내가 어떻게 감사를 어떻게 할 수 있나? 지금도 못 하죠. '하나님, 축복을 줘서 감사합니다'[라고] 어떻게 [생각을 해]. 내가 어떻게 축복을 받은 인간이라고 생각할 수가 있어야죠. 나는 오히려 지금 저주를 받은 인간인데, 지금 그런 것 때문에 교회도 못 가고 있어요.

3
구조와 인양의 의지를 보이지 않는 정부에 대한 분노

면담자   1차에서 아버님이 진도 가셨을 때 목격한 인물에 대해서 얘기하셨는데 이름을 정확히 언급 못 하셔서 이름을 확인해 오셨다고 말씀하셨는데요. 누구를 말씀하신 거죠?

아라 아빠   예, 그때 [언급한 사람 이름이] 김수현. 소속이 목포해양청장[서해지방해양경찰청장]인가?

면담자   그때 무슨 얘기를 하다가 그 사람 얘기를 했었죠?

아라 아빠   그 사람이 주로 우리 유가족들 입막음하는 거. 김수현 청장, (책의 한 페이지를 가리키며) 서해해경청장이네, 청장, 치안감. 이 사람이 주로 혼자 유가족들을 갖다가 설득하고 슬슬 달래는 입장이지. 왜냐면 나머지 사람들은 코빼기도 안 보이고, 이 사람이 물병으로 두드려 맞으면서 자기가 하는…, 아무튼 그런 임무를 맡은 거 같아요. "니가 알아서 그 사람들 방어[하고], 달래고 거기서 니가 알아서 해라" 하여간 그런 임무를 띤 거 같아요, 이 사람이.

면담자   아버님은 직접 보셨던 거죠? (아라 아빠 : 예) 아버님하고도 특별히 나눈 대화가 있었나요?

아라 아빠   그런 건 없었고, 우리 유가족 대표하고 그 사람하고 브리핑 같은 거 하고 그럴 적에 참관, 옆에서 참관하고…, 계속 했지요, 이 사람이. 우리 유가족들이 "야, 국무총리, 위에 청와대 그 해당자들 전화를 해보라" [하고] 그 사람한테 닦달하거든. 그러면 전화를 우리가 하라니까 전화기 갖다가 하지. 근데 연결이 안 돼요 그 사람, 위에 지시 내리는 사람하고. 이 사람이 쉽게 말하면 "야", 우리는 "그 바지선을 빨리 와라, 바지선으로. 배를 갖다가 붙잡게" 그러면 자기는, 이 사람은 "그거는 내 권한 밖이다. 이거를 갖다가 위에서 지시를 해야지 할 수 있는데, 예를 들어서 군 쪽 통솔권자라든지 아무튼 그 계통에 있는 사람들한테 지시가 있어야 된다" [라고 하고] "그러면 그 사람한테 연락을 해라" 유가족들이 그럼 전화를 한다고. 그럼 그 사람은 연결 안 되는 거야. 그니까 이게 완전히 정부에서 구조할 [의지가] 아예 자체뿐만, 없을 뿐만 아니라 희생자들 시신 [수색하는 것도] 적극적이지 않아요. 그냥 왜 그랬는지 이해가 안 가는 거예요.

그거를 지금 이 상태에서 조목조목 밝혀야 되는데 그게 유야무야 넘어가고…. 아까도, 저번에도 얘기했듯이 민간인들이 애들을 많이 데리고 나왔잖아요, 시신을. 거의 한 몇 프로인지는 모르겠지만 하여간 그분들이 더 많이 했어요. 그 사람들은 진짜 자기 일같이 몸 바치고 위험하고 지원도 없는 상황에서 이렇게 했는데 국가에 파견된 잠수부들은, 물론 그 사람들도 구조는 했겠지만 그거는 나중에 이렇게 매스컴이라든지 그런 데서, JTBC라든지 그런 데서 공정 보도가 나가니까 사람들이, 그때 당시에 JTBC가 많이 안 알려졌어요, 세월호 사건을 정확히 보도하고 저기 하니까 사람들이 JTBC 방송으로, KBS며 MBC 같은 거는 '가짜다' 사람들이 인식이 되어가지고, 지금 많이 반성을 해가지고 하지만은, 아직도 많이 정권에 놀아나는 방송으로서 전락을 하고 있는 거죠. 사람들이 그래서 거기서 국민들이 성화에 못 이겨서 한 거고.

그리고 우리 딸도 찾은 거는 우리 유가족들이 당시 배 이런 모형 같은 거 보고 "애들이 있을 거 같은 그 객실 위주로 거기로 찾아봐라" 그래 가지고, 객실에 많이 모였었나 봐요 애들이 겁이 많이 나니까, 거기서 거의 대부분 올라왔거든요, 다용도 객실 거기에서 애들이 많이 올라왔고…. 그것도 그때 당시에 유가족들이 잠수사들이니 그쪽 사람들한테 언질을 줬거든. 계속 이렇게 나오다가 뜸하니 안 나오고 그랬거든. 계속 나오면 유가족들도 그래도 시신이라도 건지니까 다행이지만 이게 계속 어떤 때는 2, 3일 되어도 한 두 구 이렇게 나오는 거야. 아직도 애들은 저기 있는데 안 나오는 거야. 그러다가 "거기 봐라" 했던 데 계속해서, 계속 나오잖아. 그리고 한꺼번에 그냥 몇십 명 나오는 경우가 있어요, 그런 경우가. 그때 진짜 그런 거 자체도 우리 유가족들이 전문가도 아닌데 많이 생각을 해갖고 이렇게 얘기를 하고, 오히려 자기네들이 전문적인 배의 형태라든지 그런 걸 보고 그런 걸 자기네들이 파헤쳐 가지고서 이렇게 70명 이렇게 인양을 해줘야 되는데, 참 많이 힘들었어요, 그런 거 보고.

그래서 지금도 끝까지 시신 한 조각, 뼈 한 조각이라도 최후까지 찾게 한 게 유가족들이 그래도 이렇게 요구를 했기 때문에 이런 저기이지, 그렇지 않았으면은 시신 못 찾고 그냥 가슴에 많이, 평생 죄를, 죄를…, 이런 부모들이 살 수밖에 없는 입장이었죠, 죄를 뒤집어쓰고. 참 그래도 조금이나마 자기 품안에 안아가지고 장례를 치르고 그런 부모들은 그런 대로 그렇지만 아직까지도 그걸 못 한 부모들은 마음에 메어지죠.

4

4·16 이후 직장 복귀 과정

면담자　　　예, 감사합니다. 오늘 2차 구술에서는 투쟁 활동 경험에 대해서 여쭤보겠습니다. 우선 아버님이 아라 장례 치르고 나서 직장을 얼마나 쉬셨고, 쉬시는 동안 어떻게 지내셨고 어떻게 복귀하셨는지 간단히 설명해 주시면 감사하겠습니다.

아라 아빠　　　예, 장례 치르고 나서 곧바로 두 달 쉰 게 아니고…. 계속 일하던 사람이 막상 집에 있으니까 어떻게 할 줄을 모르겠더라구요, 마음도 심란하고. 오히려 진짜 아라를 갖다가 팽목항에 있을 때는 기분이 어떻냐면은 나중에 며칠 지나니까 '이거 내가 왜 여기와 있지?' 정신적으로 착란이 일어나는 비슷한 경험이 있더라고. 오히려 '집에 가서, 집에 가서 뜨뜻한 밥해서 애들 먹여야 되는데…' 그전에 그렇게 했던 게 기억이 나니까, 이상하게 '내가 왜 여기 와 있나? 집에 가면 아라가 있을 건데' 이런 정신적인 착란이 일어나고…. 그런 거마냥 저도 계속 그렇게 [회사에서] 일을 해왔고, 이렇게 된 거에 대해서…. 그래서 장례 치르고 나서 한 일주일 있다가 회사에 복귀를 했어요. 복귀를 했는데 한 2주 일했나? 진짜 힘들더라고. 힘도 힘들고 그때 당시에 정부에서 유가족들 신용, 이 일로 인해서 근로를 못 한 경우 어디 근로 산재인가 하여간 거기에서 "기본 시급을 이렇게 쳐가지고 한 달 치 봉급을 이렇게 준다" 그런 말도 있고 그래가지고, 그런 것보다도 일하는 게 힘들어서 그렇게 하고서 두 달 쉬었죠.

그렇게 하고서 두 달 쉬고, 그때가 아라 엄마가 정신적으로 막 많이 파괴되고 〈비공개〉 또 아들이 군대영장이 나오고 그러니까 (한숨을 내쉬며) 그걸 또 해결해야 되고 이리저리 뛰어댕기고, 이게 일단 어떻게 그쪽에서 병무청 직원들 만나고 연기도 할 수 있다고 하길래 연기도 하고, 그리고 나 같은 경우에 (한숨을 내쉬며) '가족들이 또 어떻게 될 건가' 생각해 가지고 가족, 살아 있는 가족들 먹여 살[리는], 밥해 먹이고 그런 쪽에 신경을 썼죠. 근데 그렇게 하면서도 여기 있을 때 활동 같은 건 하고 이렇게 보냈어요.

면담자   아라 찾고, 안산에 올라와서 제일 먼저 하신 활동은 무엇인가요? 유가족들이랑 어떻게 연락을 하게 됐고, 무슨 일이 있는지에 대해서 어떻게 전달받게 됐는지 기억나시는 게 있으세요?

아라 아빠   처음에는 우리 가족들이 여기 올림픽기념관, 여기에 임시 애들 영정 사진 있었고, 거기에 조그마한 건물, 거기 옆에 방, 거기 회의 비슷한 거기서 한 두어 번인가 모였을 거예요. 그렇게 하고서 그때 당시에 애들 일차적으로 영정이 거기에 안치되니까, 그렇게 하고서 거기에 우리 유가족들이 그때 김빛나라 아버지가 주축이 되고 또 누구야? 이름 보면 아는데, 누가 총무 맡고 그래 가지고서 거기에 이름하고 핸드폰하고 다 적어주고 저도 거기서 비상연락망 하고 그렇게 했죠. 그렇게 하고서 여기 공설 운동장 거기에, 거기에서 또 모임 갖고.

면담자   무슨 운동장이요?

아라 아빠   여기 안산 축구 운동장. (면담자 : 거기 이름이 공설 운동 장이에요?) 거기가 와스타디움(웃음), 와스타디움. 거기서 모임 갖고.

면담자   그때 모임에 다 나가신 거죠?

아라 아빠   예. (면담자 : 혼자 가셨어요?) 아니, 그때는 아라 엄마도 가고, 그리고 그때 당시 거기 모였을 적에 정부 관계자들 와가지고 "희생자들 어떻게 대우하고 해야겠다" 이런, 그때 당시에 예를 들어 서, "소득 얼마에 준하는 사람에 한해서 지원을 갖다가 하겠다" [해 서] 그때 지원받은 게 하여간 하고 좀 있었[는데], 여러 가지 있어 가 지고 [기억] 안 나는데 그때 유가족들이 "그런 게 어딨냐?" [했죠]. 여 기서 집 가진 사람은 배제시키고 그런 조건을 걸더라고. 그래서 우 리 유가족들이 "주려면, 해주려면 똑같이 다 해줘라. 지금 상황에서 그건 안 준다는 얘기나 똑같지. 어떻게 이게 지원이냐?" [하고 항의했 었지요]. 그리고 의료 그런 것도 (한숨을 내쉬며) 세월호 사건에 대해 서 거기에 의사, 지금도 마찬가지지만은 "의사들이 소견과 그런 판 단이 서야만이" 하면서 "이렇게 지원해 준다" 그러니까 조건을 꼭 달 더라고, 지금도 마찬가지지만은. 그래서 우리 유가족들이 "어디 지정 병원을 정해주고 거기서 유가족들이 치료를 받을 수 있게 해달라", 하여간 그런 거를 많이 요구를 했었죠.

그래 가지고 (한숨) "신용불량자라고 보상금은 정부에서 막아준다. 보상금을 받았을 적에 이 신용, 그 사람이 신용불량자 됐을 때 채권자들이 압류시키거나 그런 기는 막아준다" 하여간 여러 가지 책정을 해서 정부 이렇게 해[준 거죠]. (면담자 : 논의가 있었네요) 예. 그런 내용에 대해서 많이 서로 토의를 하고 그래 가지고 언제, 처음부터 또 애들을 갖다가, 그때 당시에 금방이라도 애들 추모공원 어디다 될 것마냥…, 진짜 1년 안에 다 될 줄 알았죠. 추모공원을 갖다가 어디다 할 건지, 주로 추모공원 그런 얘기지. 애들 어차피 죽었으니까 애들을 빨리 추모공원을 갖다가 조성화시켜 가지고, 하지만은 지금까지 아무런 저기가 없었죠, 없잖아요. 겨우 지금 몇 년 지나서 화랑유원지 여기다 한다고 했는데 그게 부지를 갖다가 자기네들이 정리를 안 하고, 안산이라든지, 그 정부가 통해서 그 "어디다 해주겠다, 어디다 해주겠다" 이렇게 얘기만 이렇게 했었죠, 그때 그런 이야기.

그때 당시에는 뭐 진상 규명 그런 거 자체는 변호사들이 이렇게 와가지고 우리한테 깨우쳐준 거지. "지금 이게, 지금 뭐가 잘못됐다. 이제 뭔가 이상하다. 배가 이렇게 쉽게 침몰하지 않는데 그리고 그쪽에는 암초도 없고" [하면서] 변호사들이라든지 이런 선박 관련자들이 알려주니까 우리가 그때서야 "아, 이거 뭔가 모함이 있구나. 술수, 이런 술수가 있구나" 그때부터 그래 가지고 진상 규명이라고 [하기 시작한 거죠]. 그때 당시에 또 시신을 못 찾은 유가족들 그런 쪽에 같이 동조하고 인양하고 찾는 데 협력을 해주는 입장이었었죠. "어떡하냐? 어떡하면 저걸 찾을 수 있냐?"[에 대해서는] 유가족 중에는 서로 의견이 "배를 인양, 빨리 인양을 해야지 침몰 원인도 알 수 있고, 또 시신도 같이 건져 올릴 수 있지 않나?" [하는 사람도 있고]. "그렇지만은 큰 배가 들어오는 과정에 시신이 유실될 수 있으니까 그거 보호막을 어떻게 치고 하려면 시간이 많이 걸린다" [하는 사람도 있고]. 아니면은 "그 구석구석 아직 찾지 못한, 그 구석구석을 다시 한번 찾아보고 세세하게 확실히 보지 않았다. 그러니까 그런 걸 더 보고 해야 된다", 주로 그런 얘기를 했죠. 그렇게 하고서 미술관 거기에다, 그쪽 회의실에 거기서 몇 년 동안 주로, 거기서 우리 사무실 차려놓고 거기서 본격적으로 활동을 하게 된 거죠, 유가족들이.

5
KBS 항의 방문부터 2015년 민중총궐기 활동까지

면담자　　2014년부터 할게요. 5월 8일에서 9일 KBS 본관 항의 방문 및 청와대를 향한 도보 시위가 있었어요, 가셨었나요?

아라 아빠　　예, 아무튼 내가 KBS 항의 방문 때 아마 처음 간 거 같아요. 이때 가서 유가족들하고 몇몇 시민들이 이렇게 했고, 그때는 우리가 비품이라든지 피켓이라든지 그런 거가 준비도 없이 올라갔고, (면담자 : 2014년 5월이니까요) 그렇죠. 그리고 우리 유가족들 중에 예를 들면 그런 거, 언론사라든지 인터뷰라든지 처음 접하니까 선뜻 누가 나서서 얘기하고 그런 건 없었고, 내가 기억나는 게 우리는 배에, 침몰했을 당시에 그런 게 궁금하잖아요. 그 사람들이 저기 모였을 때의 그때의 상황, 그런 걸 시민들한테 알리려고 그 여기 생존 학생, A 아버지가 누구 생존자를 데리고 왔어요. 그래 갖고 걔를 갖다가 마이크를 잡게 해서 시민들한테 무슨 얘기를 했는지는 기억이 안 나요. 시민들한테 [생존 학생이] "자기네들이 어렵게 탈출했다" 그래 가지고[그리고] "해경들이 구하는 데 소홀히 했다" 그런 얘기를 한 걸로 기억해요.

면담자   그게 청운동에서인가요?

아라 아빠   그게, 내가 서울 지리를 잘 몰라가지고. (면담자 : 어쨌든 서울에서인 거죠?) 예, KBS 거기, 그 앞에서 했나? 청운동은 아니고 청운동은 그때 당시에 청와대 했을 때고 아마 KBS 그쪽 공원 어디에서 한 거 같아요, 그때.

면담자   "해상 교통사고" 발언에 대해서 항의를 하기 위해, 생존 학생까지 와서 이상한 사건이라고 말하게 된 걸까요?

아라 아빠   그렇죠. 그때는 어떤 목적을 가지고 간 것보다도 단순히 저도 그런 걸 안 해봤기 때문에 '유가족들끼리 많이 뭉쳐야 된다. 그래야 힘을 발휘할 수 있다' 그래 가지고 거기에 대해서 원고를 읽고 하는 사람은 따로 앞에 읽고, '우리는 그냥 마냥 모여서 호응만 해준다' [하는 생각이었지요]. 주로 KBS에 대해서 우리가 저기 하는 게, 그렇죠, 해양 교통사고, 사고[라고 했고 [또] 이 사람이 얘기를 잘못한 게 있는데 기억이 안 나네. KBS 그 사람이 해양 교통사고[라고 하면서] 정부 편을 많이 드는 쪽으로 얘기했어요. 그런 정부에 대해서 정부 쪽에, 진실이 왜곡된 말을 많이 했으니까, "진실을 보도하라" [하고] 주로 진실 보도를 외친 걸로 기억하고 있어요, "왜곡된 보도를 하지 말고 진실 보도를 해라" 이런 쪽에. 도보, 청와대 도보 시위는 우리가 청와대는 한 번 간 게 아니라 몇 번, 몇 번 갔어요, 몇십 번.

여기 안산에서 청와대까지 도보로 갔고 저는 그때 당시에는 여기서 했을 적에 사람들이 광명에서 숙박을 하게 됐거든요. 그때 한번은 차, 사람들은 그 전날 여기서 도보하고 나는 그다음 날 근무를 하고, 다음 날 회사 휴직계를 내고 여기 가는 버스를, 못 간 사람들해서 광명에서 공원인가 어디에서 해서 합류, 같이 합류하게 이런 걸 해가지고 또 다시 여의도를 거쳐서 광화문을 거쳐서 청운동까지 도보를 이렇게 해서 했고…. (면담자 : 그때 아라 어머니도 같이하셨나요?) 아라 엄마는 도보는 안 했어요, 저 혼자 했어요. 그때 비상식량 싸고 우산 준비하고 물 준비하고 [갔어요]. 그때 비도 왔을 거예요. 비 오고, 그때 조금 비 오고 그래 가지고 향매 아버지 몇몇 아버지들 같이, 수진이 아버지, 몇몇 아버지들도 같이하고 어머니들도 같이해서, 그래서 시민들한테 그때 당시에는 알리는 위주였죠. "우리가 이렇게 억울하게 희생된 세월호 유가족이다. 지금 정부에서 이 침몰 원인을 밝히지 못하고 있다. 진실을 규명하라", 구호가 그때는 진상이라기보다도 "진실 규명 철저, 진실 규명", "세월호를 인양하라" 이렇게, "인양하라" 왜냐면 정부에서 인양을 안 하겠다고 했거든.

"세월호를 인양하라" [하고] 몇 가지 구호를 쓰고 그거 마치면서 그렇게 했죠. 그 당시에 시민들이 우리가 행진하고 그럴 적에 도로

가에 쫙 나와가지고 박수 치고, 또 어떤 회사에서 물품 같은 거, 초콜릿, 과자니 빵이니 물병이니 잔뜩 쌓아놓고 유가족들 걸어가는데 집어 주고, 어떤 분들은 같이 뒤에서 따라오고 광화문까지 같이 갔죠. 광화문까지 같이 따라오고, 그러고 그때 당시 시민들이 하는 말이, 그때 "대통령 선거, 불법으로 대통령 선거를 덮으려고 세월호를 침몰시켜 가지고 국민들 마음을 그쪽으로 쏠리게 하려는 저기 정부의 모토다" 이렇게 시민들이 얘기하고, 그런 소리를 듣고 그랬었죠. 그게 진짜인지 아닌지는 모르겠지만은 시민들은 자기네들도 그런 "저거는 있어서는 안 될 사고다. 어떻게 저렇게 큰 배가 가라앉아서 침몰할 [수] 있냐? 이거는 의도된 저기다" [하면서] 시민들은 많이 같이 분통해하고 저기를 했어요, 호응을 많이 해줬어요. 그러니까 저희들은 더 힘을 얻고 시민들한테 배우고 그런 거죠. 어떤 사람들은 직접 저희들하고 대화도 하고…. 이렇게 자기네들이 알고 있는 지식을 갖다가, 우리가 알고 있는 지식을 또 전파를 해주고 그렇게 해서 지낸 거 같아요, 예.

그리고 청와대도…, 아무래도 이게 순서가 쭉 나열된 게 아니라 그냥 [기억대로예요], 청와대라고 하니까 우리가 한 1년 지나서 청와대, 청와대를 수없이 갔잖아요. 그래 가지고 또 한번은 누가 하여간 그 자유한국, 지금은 자유한국당이지만 그때는 무슨 당인고, 새누리당이지, 새누리당, 거기에서 유가족들을…. 청와대를 갔다가, 우리가 또 가던 길이 광화문에서 이렇게 간 게 아니라 우회해 가지고 이렇게 가려고 했었거든, 청와대를. 갔는데 하여간 그 정보를 어떻게 알았나 그 전경들이니 그런 사람들이 길목도 막고 다 하더라고. 거기서는 이 사람들이 완전히 우리를 고립시켜 가지고 식량 같은 것도, 그 물질 같은 거 못 들어오게 완전히 차단시켜 가지고 그냥 우리를 갖다가 끼니 같은 것도 굶기려는 작전이었는 거 같더라고.

그래서 저희들이 아침도 안 먹고 점심도 안 먹고, 거기서 시민들 못 들어오게 차단도 시키고 그래서 거기서 한여름, 몇 월 달이야? 6월 달인가, 8월 달인가 하여간 거기서 뙤약볕에서 엄청 고생한 기억이 나요. 그래 가지고 거기 우리 몇몇 엄마들은 현기증으로 쓰러지고 이렇게 하는 엄마들도 있었고, 강제해산 시키려고 여경들 시켜 가지고 엄마들 갖다가 끌어내고 하는 저기도 있었고…. 그래 가지고 저희들은 그때 당시에 "죽어도 여기서 죽자" 해갖고 밧줄로 이 유가족들 하나씩 다 묶었거든요, 밧줄로 여기 목에다. 그때 당시 그랬으니까. (면담자 : 못 끌어내게 하려고요?) 예. 그렇게 해가지고 어떤 유가족들이 뛰면 목이 졸리잖아. 그러니까 여기서 사고 나면은 경찰들 지들도 저기를 잘못 진압했던 책임이 있으니까 조금 움찔하면서 물러서는 그런 게 보이더라고. 그렇게 하고 나서 결국은 더 이상 전진 못 하고 거기서 탈진해 갖고 해산됐고….

또 백남기 물 폭탄 그럴 때에도, 그때는 농민들, 노동자들 엄청난 인원들이 동원되어 가지고 했었거든요, 주로 우리 세월호 가족들도 같이 협력해 가지고. 그래서 그 당시에 저는 그때 밤샘은 안 하고 따로 다음에, 휴가, 휴직을 못 낸 상태라, 한 9시에 따로 전철로 혼자 조용히 빠져나왔죠. 그렇게 하고 빠져나오는 중에 그 무슨 역인가, 그때 어디 역인지는 모르겠지만은 백남기 그때 그 사람 막 그 최루탄 막 쏘고, 물 폭탄 쏘고 맞아 죽을 때 그때 농민들이 제일 용감하게 앞장서 가지고 이런 장대이니 그런 걸로 전경들 있는 거 같이 맞서고, 탁탁 소리 나고 최루탄 쏘고 그랬거든. 그 와중에 백남기 씨가 이렇게 했는데, 그렇게 하다가 임마누엘 수녀님[김숙자 수녀님]을 그때 처음 알게 되어가지고 그랬어요. 그래서 그분도 나하고 똑같이 자기도 수녀원으로 돌아가는 길이라고 같이 [간 거죠]. (면담자 : 개인적으로요?) 예, 개인적으로.

그래 가지고 가다가 그쪽에 한 분 더 가까이 가서 보자 해가지고 가까이 가려고 하는데 진짜 전경들 차들이 진짜 사람들 못 빠져나가게 딱 막았어요. 그 안에 갇힌 사람을 갖다가, 이게 쉽게 말하면은 일망타진할 생각으로 차로써 삥 둘러가지고 다 막은 거야. 그러니까 거기 있는 사람은 집중사격이지, 솔직한 얘기로. 솔직히 완전 포위해 놓고 쏘아재끼는 거지, 물로 이렇게. 외부 사람 못 들어가고 그렇게 했어요. 그래 가지고 아무튼 너무나 진짜 그거를 옆에서 보지 않으면은[보면은] '이게 정부인가?' [하는 생각이 안 들 수가 없었어요]. 이거 죄 없는 사람들을 저렇게 막 쏴재끼고, 더군다나 도망갈 구멍도 안 냄기고 포위해 놓고 쏴재끼고, 당연히 백남기 씨가 그렇게 사고 난 거는 당연한 거라.

그렇게 하고, 우리가 어디 그때 장소가 기억이 안 나는데, 또 그게 어디냐, 광화문은 아닌 거 같고 (면담자 : 서울은 맞는 거죠?) 서울 어디에서 그때 우리 유가족들이 1박 2일 하면서 시위를 했었거든요. 대학생들하고 이렇게, 주로 대학생들이 많이 참석했더라고. 그때 당시에 구속된 유가족들이 경찰서에, 유치장에 들어가고 광화문은 아닌데, 거기가…. (면담자 : 국회는 아니죠?) 국회 아냐, 국회는 아니고 그게 어딘지 모르겠네. 하여간 그게 어디인가 모르겠네. 거기에서 했을 적에 그때에도 최루탄, 물 최루탄, 유가족들이랑 우리한테는 못 쏘더라고. 세월호 깃발 내세우고 유가족들 노란 잠바를 그때 입고 [있었는데], 우리한테는 [못 쏘더라고]. 우리는 그때 당시는 죽을 각오로 하고 쏘려면 쏘라고 방어를 쳐줬거든. 대학생들 위주로 막 쏘고 그러더라고. 그러고 그게 어딘지 모르겠네, 그렇게 우리 유가족들이 서로 팔짱을 갖다가, 남자들이 맨 앞에서 팔짱을 끼고 이렇게 대적을 했죠. 그때 당시도 우리가 아침도 굶고 꼬박 밤새우고 편의점 가서 빵이니 뭐니 이렇게 사 와가 자급자족하고 이렇게 했죠.

6
서명운동, 프란치스코 교황 방문과 유가족들의 삭발식

면담자   6월부터 세월호 특별법 제정을 촉구하는 천만 서명운동으로 거리 서명과 버스 투어를 했는데, 그때 지방으로 간 기억이 있으신가요?

아라 아빠   지방, 서명은 그때는 반별로 어느 구역을 이렇게 맞춰 가지고 다녔거든요. 그런데 우리 9반 같은 경우는 대전, 천안, 아산 이쪽으로 이렇게 돌아다니면서 그쪽 지역을 서명을 받았죠. 그러니 우리는 한 세 명, 두 명 이렇게 흩어져 가지고, 딱 있어서 서명받은 게 아니고 몇 장씩, 이제 상가니 다니는 시장 이런 데 들어가서 무조건 들어가 가지고 길 걸어가는 사람[한테] 서명받고 이렇게 했죠. 그때가 집중적인 서명 이렇게 한 걸로 기억해요. 그래도 서명만 많이 받으면은 국회에서 다 통과되고 일사천리로 될 줄 알았더니, 이거는 그냥 종이쪽지로 전락해 버리더라구요, 차로 한 트럭 정도 되는 서명을 받았는데도 종이쪽지로. 새누리당 이런 데서는 그냥 꿈쩍 안 하더라고, 눈 하나 꿈쩍 안 하더라고. 진짜 이게 바로 된 정부인지…, 왜냐면 국민들이 그렇게 많이 그 "진실을 [규명] 하라" 이렇게 서명해 주고 그러면은 움직여 줘야, 거기에 대해서 움직여 주고 그 대답을 내놓는 게 민주주의 정부인데, 그냥 종이 취급하고.

아무런 반성할 기회도 안 보이고, 그런 거 보면 완전히 바로 독재 정부나 매한가지지 이게. 우리나라도 지금은 청와대 몇 명이 댓글을 달거나 참여를 하고 그러면은 거기에 대한 해답을 내놓잖아요. 그게 문재인 정부 들어와서 그랬지 그 전에는 그런 게 없었잖아요, 박근혜 정부라든지 그 이전 정부에 대해서는. 우리가 이런 선진국, 외국 같은 데, 미국이나 그런 데 보면은 한 도에서, 한 시에서 10만 명 이상이 그 문제를 제기하면은 꼭 거기에 대한 답변서라든지 시정할 거, 그런 거를 갖다가 국민들한테 공론화시켜 가지고 문제 해결을 하려고 하는데 우리나라는 그런 거는 진짜 안 해, 안 했다. 더군다나 몇천만 명 서명을 했는데 여기에 대해서 해답을 하나도 안 내놓는 거에 대해서는 완전히 심한 거죠.

면담자   8월 15일에 특별법 제정 촉구를 위한 범국민대회가 광화문광장에서 있었어요. 낮에 프란치스코 교황이 방문을 했었죠. 그때 기억나세요?

아라 아빠　　　그때 그 전날 사람들이 갔었죠, 그러고서 거기에 세종 회관인가? (면담자 : 세종문화회관이요) 거기에 지하실에 자고, 그리고 그다음 날 프란치스코 교황 이렇게 했는데, 교황, 막상 교황 왔을 때는 참여 못 했고 밤에 〈비공개〉 아라 엄마 데리고 그냥 내려왔어요, 그 밤에. 그다음 날 프란치스코 교황이 방문했고.

면담자　　　천주교는 아니시지만, 기독교 신자이시니까 교황 방문의 의미가 각별하게 느껴지셨을 거 같은데요? (아라 아빠 : 예, 그렇죠) 어떤 마음이셨는지 조금 얘기해 주실 수 있으세요?

아라 아빠　　　마음은 단지, 교황님이 세월호 사건에 대해서 완전히, 자기네 교황님도 이전 정부가 잘못하고 있다는 걸 알기 때문에 이렇게 방문했다고 생각해요. 그러니까 이 세계에다가 교황이 이렇게 움직였다고 하면은 외신에 많이 보도가 될 거 아니에요. 그러면 기고만장한 새누리당, 정부도 감히 교황님한테 대들고, 대드는 것보다도 이 문제, 세월호 문제에 대해서 그냥 자기네들 뜻대로 관철시켜 나가지는 않을 거라 이런 생각에 참 커다란, 획기적인 변화가 있었다고 [생각해요]. 그 이후로 완전히 수그러드는 그런 것도 있고, 국회에서도 많이 활발하게 세월호 사건에 대해서 이런 논의를 해나가는 입장이었다고 보고, 이런 각종 종교 단체들도 세월호 사건에 대해서 교황님이 저렇게 헌신하게, 애타게 하고 있다는 거에 대해서, 그니까 "윗사람이 그러니까 우리도 같이하는 게 도리가 아니냐?" 이런 데서 많이 종교계들도 이후로 많이 큰 힘을 실어줬다고 봐요. 아무튼 커다란, 획기적인 변화이었죠. 교황님이 단순히 왔다 간 게 아니고 이 세월호 사건에 대해서 잘하라는 암묵적인 경고였었죠. 그걸로 생각해요.

면담자   2015년도 4월 4일에 정부 시행령 폐기를 촉구하는 2차 삭발식 이후 1박 2일 동안 아이들 영정 사진을 들고 광화문까지 도보 행진을 한 적이 있어요. 기억나세요?

아라 아빠   그니까 처음에 삭발하는 거는 광화문 거기서 했어요. 광화문 거기서 우리 자원봉사 미용사라든지 그런 사람들이 와가지고 의자 쫙 갖다놓고 삭발했는데, 저는 안 했고 옆에서 같이 눈물만 흘려주고…. 참 엄마들이 삭발을 할 적에는 진짜 어지간한 그런 각오를 하고 했다고 봐요, 많이. 삭발을 하고 우리가 행진한 걸로 기억해요. 삭발식하고 행진하고, 그 삭발한 엄마들, 아빠들 앞장서 가지고 삭발하고…, 예, 기억을 해요. 그때도 시민들이 많이 호응을 해줬고…. '참, 이렇게까지 우리가 뭐 해야 되나?' [하는] 그냥 아무런 생각도 들고, '진짜 그 누구 꼭 죽어야지 이렇게 눈 하나 껌쩍, 눈 하나라도 껌쩍하나' [하는 생각도 들었어요]. 아무튼 그래서 한편으로는 (한숨을 내쉬며) 단식도 하고 그랬잖아요, 국회에서. 그러다 국회에다가 천막도 쳐놓고 비둘기 똥 맞으면서, 거기에 비둘기가 많더라고. 그때가 한 7, 8월 했는데 밤에는 춥고 하면서도 조금은 이런….

전경들도 화장실 (웃으며) 같이 우리하고 쓰고(웃음). 어떻게 보면 우리는, 우리하고 경찰들하고 적인데, 대치 상황인데 그런 거 보면 참 묘한 기분이 들더라구요. 화장실 같이 쓰고 아군, 적군으로 나누고 하고…. 그때 어떤 사람은 그래요, "아이고, 여름에는 다들 휴가 가고 그러는데 우리는 이게 뭐냐". [그래서 우리가] "우리가 휴가 갈, 그러면 우리가 휴가 갈 그런 마음이라도 있습니까, 지금? 애가 없는데 지금 무슨 재미로 휴가를 가냐?"고 [대답했죠]. 어떤 인터뷰 기자가 그런 얘기를 하길래 솔직히 기분이 나빴죠.

면담자   기자가 휴가철인데 괜찮냐는 질문을 했었어요?

아라 아빠   예. 다들 휴가를 가가지고, 7, 8월 달에 휴가잖아요, 그런, "휴가 생각 있었냐?"[라고 묻더라고요]. 지금도 제대로 휴가다운 휴가는 못 갔지만은, 가서 휴가라는 게 즐기고 저기 해야 되는데 즐길 마음도 없고, 또 맛있는 거 먹어도 그 맛도 모르고 그러니까….

7
단원고 교실 존치를 위한 투쟁 및 희생 학생들의 제적처리 관련 논란

면담자   9월 1일부터 동거차도에서 인양 작업 감시를 시작했었는데, 아버님은 가시기 어려우셨겠네요?

아라 아빠   예, 저는 못 갔어요. 그거 참 마음은, 갈 마음은 굴뚝 같지만 한번 가면은 한 일주일, 열흘씩 있어야 되니까 전 못 가고 우리 9반에서 몇몇 아버지들이 갔죠. 왜냐면 그것이 엄청, 세월호 인양하는 중국 어디 샐비지선인가 하여튼. (면담자 : 상하이샐비지요) 상하이샐비지인가 그쪽[이] 정부하고 결탁을 해서 뭔 일을 꾸미고 뭐 했는지 감시하려고, 우리가 동거차도에서 카메라를 설치하고 이렇게 갔는데, 그게 만약 이것이, 중국 사람한텐, 정부에선 충격적인 거 같아요. 감시 카메라로 감시하고 있다는 게, 참 이걸 꼭 감시를 해야 만이 자기네들이 충격을 주게 하고…. 그래도 참 우리는 신경이 많이 곤두섰죠(한숨). 자꾸 밖으로 뭘 싣고 나가는 거가 그런 것도 목격되고 거기에 대해서도 많이 파헤쳐 보고 알아봐야 될 거 같아요, 뭘 싣고 나갔는지, 뭐를 싣고 나갔는지, 거기에서 무슨 조작이 이루어졌는지….

면담자   추모공원도 그렇고, 단원고 교실 문제가 있었죠? (아라 아빠 : 단원고 교실이요?) 교실 존치 투쟁이 시작이 됐잖아요. (아라 아빠 : 그렇죠) 그때 어떤 활동을 하셨고, 어떤 마음이셨는지, 그 과정에 대해 알려주세요.

아라 아빠   저희들은 처음에는 교실이 그대로 존속될 거라고 생각했고, 그리고 학교 자체를 '저거, 저기 학교냐? 저거는, 학교를 완전 폐쇄시켜야 된다. 학교 자체를 갖다가 입학도 없애야 되고, 저거는 영원히, 저렇게 많은 애들을 죽인 학교에서 어떻게 학교 운영을 하나?' 단순히 우리는, 저 개인적으로는 그렇게 생각했어요, 어떤 마음에서는 '진짜 이 학교 전체를 갖다가 공원화시키고 그쪽에다도 애들 저기 추모공원 했으면' 하는 그런 생각도 있었고. 그래서 어느 날 학부모, 새로 들어온 학부모들이니 그런 부모들이 "우리 교실이 있기 때문에 수업에 지장이 있다", "애들이 정서적으로 그렇다" 그런 얘기들이 나오니까 울분이 일어나더라구요. 남은 지금 이런 사건이 다 해결되지도 않고, 지금 애들이 정리가 안 됐는데, 지금 벌써 저렇게 학교[교실]를 갖다가 옮기고 하는 거 보면은, 이걸 다 정리되고 애들이 끝나고 새로 또 이런 교실을 갖다가 새로 그쪽 학교 뒷산이라든지 그쪽에 건물을 지어서 이거를, 교실을 존치를 해주면은 모를까….

무조건 임시로 교육청에 보내고 하는 거에 대해서, '우리가 또 이렇게 당하는구나. 애들 죽은 것도 큰 슬픔인데 이것도 우리가 또 당하는구나. 항상 우리가 피해 보고 희생되어야 하나…. 이 살아 있다는 자체와 죽었다는 자체가 이렇게 큰 소홀, 대접이 이렇게 저기 한가…' [싶더라고요]. 아이들이 만약에 살아 있다면 이렇게 우리를 함부로 무시하진 않았을 거 아냐? 죽었다고 우리를 학부모 취급도 안 하고 이방인 취급하는 거에 대해서 많이 마음이 아프더라고. 그 전 같으면, 아이들 살았을 때는 학부모, 같은 학부모로서 이렇게 우리가 발언도 하고 했는데 아이들이 죽었기 때문에 그런 발언도 [못 하게 되고], 여기에 대해서 저뿐만 아니라 다른 부모들도 그런 공통된 마음이 있어서 많은 학부모들이 이전에 대해서 반대는 했죠. 이게 '순서대로 정리해 가면서 이전을 하자[는 게 아니고] 그냥 갑작스레 쫓겨나는 기분이다' 그래 가지고 많이 반대를 했죠.

지금 그래서 그때 하여간 교실 문제 가지고 각계, 종교계하고 지식계 그런 사람들하고 유가족 대표들하고 많이 회의를 하고 한 결과가 이렇게 나왔는데, (한숨을 쉬며) 그런데 이게 결과라는 게 저는 미리 정해놓은 답을 해놓고 결과를 서로 회의한 거라 생각해요. 왜냐면은 자기네들도 그럴 거 아니에요. '살아 있는 자들이 우선이다'는 명제하에 이렇게 결정을 한 거 같아요. 왜냐면 "살아 있는 애들, 살아 있는 학생들이 영향이 있다"[라고 생각했기 때문에 그랬겠죠]. 근데 아까도 얘기했지만 오히려 학생들은 "여기에 대해서 동요를 안 했다"고 하더라고. 지들이 동요하고 힘들어하면은 이 학교에 원서를 안 냈지, 그냥. 근데 그 부모님들의 욕심 때문에, 혹여나 욕심 때문에…. 제 입장 같은 경우는, 두 동이잖아요. 그 "한 동을 어떻게 잘라가지고 다른 통로로 이렇게 만들어가지고 교실을, 그때 당시 많이, 위에다가 증축을, 2층을 더 옮겨가지고 교실을 확보를 하자"라고], 이런 건축가 되는 사람들도 우리가 농성할 적에, 그 사람들도 자기네가 "건축 일을 몇 년 동안 했는데 가능하다"[라고 했어요].

이렇게 하면은 서로가 좋은 걸로 타결될 건데 굳이 우리 교실을 이렇게 나가냐? 학교를 떠나고 이렇게 외부에 충분히 교실이 있다고 하면은 그거는 별로 의미가 없을 거 같아요. 왜냐면 사람 내부에서, 안산 단원고 [학생]들이 희생됐다 그러면 "그 학교가 어떤 학교인데?" 하고서 학교를 궁금해하고, 그 진짜 실질적으로 애들이 수업을 받으면서 웃고 떠들고 했던 소리가 들리는 그 학교를 가야만이 살아 있는 소리가 들릴 건데, 외부에 이렇게 하면은 이게 하나의 전시나 마찬가지지 이게 실질적으로 이렇게 되는가? 예를 들어서 일본이라든지 우리가 이 논의 가지고 많이 얘기하는 미국이나 이런 데 볼 적에, 일본에 쓰나미가 많이 했을 적에 그 학생들이 많이 죽은 사태가 일어났잖아요? 일본에서도 쓰나미로 희생된 학교를 그대로 보존을 하고 있다고 그런 것도 접했고, 그랬을 때는 우리는 뭐든지 참 대한, 반도의 나라에서 수많은 역사와 사건이 일어나고 했는데, 우리는 하나 교훈이 얻을 그럴 생물적인 그런 게 없어요.

지금 최근에 세월호 사건 나고 나서 남한산성의 인조의 비애 그런 걸 갖다가 방영을 하고 부각시키고, 오히려 그런 것도 처음에는 덮으려고 했어요, 그런 비애는. 우리는 맨날 좋은 것만, 겉에 페인트 칠해서 없애려고 하고 이렇게 장식하려고 하고, 모든 비애 같은 걸 없애려고 하고…. 왜냐면, 그래서 우리가 역사를 공부할 적에는 그 유물이 있고 증거가 있어야만이 역사를 보고 자각을 하고 깨우침을 느끼는데, 역사의 유물이 사라지고 없는 상황에서 뭘 자각을 하고 뭘 느낄 수 있나. 그래, 참 찬란한 민족의식을 사람들한테 보여준다고 하면은 그거는 허무맹랑한 얘기이고, 스스로 자화자찬해 가지고 '나는 위대한 사람이다' 해봤자 세상에서 경쟁에서 자기를 나타낼 수 없는 거고. 실질적으로 마음에 속에 있는 살아 있는 그런 정신이 있어야만이 우리가 나아갈 지표를 알고 새 역사를 쓸 수 있는 거지, 그게 없이는 불가능하다고 생각해요. 아무튼 그래서 저는 거기에다가 이 건축사 말대로 아무튼 설계를 해가지고 다시 하는 게 원칙이었는데, 지금 결론은 학교 주변에 이 건물을 세워가지고 교실을 존치한다는 그 결론을 내세웠는데, 그것도 글쎄 가능성이 될지 안 될지 좀 의문인 것 같아요.

면담자   그거랑 비슷한 맥락에서 학생들 제적처리 되어서 논란이 됐던 적이 있었잖아요. 그때 기억나세요?

아라 아빠   물론 그 사람들은 자기네들이 "행정적으로, 원리 원칙대로 했다"고 하는데, 왜냐면은 이게 "제적처리 하는 관례대로 했다" 이렇게 했는데, 그런데 저뿐만 아니라 몇몇, 몇십 명, 몇백 명 가족들은 아직 애들 사망신고 안 했어요. 아이들이 주민등록상에 그대로 있어요. 그래, 걔네들이 뭘 보고 그렇게 함부로 제적처리 했냐, 이거는 법적으로나 원칙적으로 이렇게 따져도 학교에서 일방적으로 한 행동이라고 생각해요. 왜냐면 자기네들이 지들 입맛대로 제적을 했고, 그리고 제적처리, 인간적으로 제적처리 하면 안 되죠. 애들이 그래도 명예졸업장 이렇게 하는 게 이게 당연한 거지, 어떻게 같은 행정, 같은 학교, 그래도 애들하고 대화 한 번이라도 한 사람들이 이렇게 쉽게, 이렇게 자기 아들딸 아니라고 이렇게 쉽게 서로 이런 마음을 떠나보내려고 이렇게 하는 경우가 있으면 안 된다고 생각해요. 그거는 누가 봐도 순리가 아닌 거 같아요, 예, 제적처리 같은 거는….

8
추모공원과 관련해 안산 지역 주민을 선동하는 정치인들에 대한 분노

면담자   아버님은 간담회 같은 거 참여하셨어요? (아라 아빠 : 간담회?) 간담회에서 발언하신 적 있으세요?

아라 아빠   몇몇 가족들은 지방 다니면서 이렇게 간담회를 하고 그랬는데 저는 여건상 지방은 못 가고 주로 우리 컨테이너, 기독교[예배실], 화랑유원지에 있는 거기에[서] 간담회를 했죠. 주로 우리가 일요일 날 5시에 일주일에 한 번씩 꼭 예배를 거기서…, 예배라기보다도 거기가 매주 외부에서 찾아와요, 기도해 주러 이렇게. 왜냐면 어떤 목사님들은 자기가 설교하는 준비를 하고 우리 유가족들 위로해 주고 가는 경우가 있고, 어떤 목사님들은 "우리가 들으러 온 거지 설교하러 온 건 아니다" 해가지고 유가족들한테 와서 "하고 싶은 말

해라, 뭐든지" 이렇게 해가지고 이렇게 유가족들을 알리려고 노력해오는 목사님들도 있고. (면담자 : 그럼 매주 다른 분들이 오신 거예요?) 그렇죠. 매주 수원, 멀리서는 광주에 있는 신도들하고 목사님들이 이렇게 오고, 경기도에 있는 교회들이 많이 왔어요.

면담자   언제쯤부터 시작됐는지 혹시 기억나세요? 그리고 언제 그런 게 있단 걸 아셨는지도 궁금해요.

아라 아빠   누가, 제가? (면담자 : 네) 우리는 거기 분향소 여기 화랑유원지에 분향소를 천막을 크게 쳐가지고 했잖아요. 그거하고 같이 (면담자 : 동시에 생겼나요?) 동시에, 예. 거기에 쓰잘데없는 것들도 많이 들어왔었지만, 무슨 자유한국, 자유총연맹이라든지 (웃으며) 그런 것도 하고 하여간 각지, 각계, 불교, 천주교 다 거기에 이런 시청 파견 공무원, 소방서, 무슨 공공시설이라는 거는 거기에 다 들어왔죠, 조그마하게. 그러고 그때 세워진 거죠. 그래 가지고 우리가 (면담자 : 참석을 하셨어요?) 그렇죠. 초창기부터 저는 계속 거기에 했고, 주로 예은이 엄마가 주관을 했죠, 그럼 거기에 몇몇 엄마들이 같이 하고. 엄마들 많이 하고 아빠는 저하고 시찬이 아빠, 그다음에 기억이 또 안 나네(한숨), 몇몇 아빠들, 한 서너 명 돼요. 그런 아빠들 이렇게 했어요. 그래 가지고 우리가 그때 목공소 거기 할 적에, 저는 목공소는 기술은 안 배웠고 거기 그쪽에 있는 교회에서 거기에서 목공소를 지원을 해줘 가지고 엄마공방에, 남자들은 목공 그거 제작해 가지고 세월호 모형이라든지 그런 거 만들고 그렇게 했어요. (면담자 : 아버님은 목공소 활동은 안 하셨죠?) 안 했어요, 예.

면담자　　　혹시 안산에서 주민들을 만나거나 이웃과 접촉을 하는 활동을 하신 게 있었을까요?

아라 아빠　　　안산에서 활동을 안 했어요. 요 근래에 화랑유원지에 추모공원이 들어선다는 거에 대해서 이런 몇몇 교회, 내가 확실하게 뭐 대놓고 얘기할게요. □□교회를 주축으로 해서 (한숨을 내쉬며) 자유당 그쪽, 새누리당, 자유한국당 그쪽 사람들이 결탁을 해서 주민들을 선동을 많이 하잖아요. 왜냐면 저게 정치화되고 쟁점화시키려고, 그래 가지고 자기네들이 이쪽 지역에서 정치적인 이슈를 내세워서 국회의원 당선[해서] 집권한다든지 보수파를 형성하려는 그런 의도로 하고 있는데, 거기에 대해서 우리들이 반대 집회를 갖다가 이런 뉴코아, 거기 백화점 그쪽, 롯데백화점 그쪽에서 했었죠. 거기에서 하고, 우리 유가족들만 하고 안산 시민 몇 명이 참석하지만은 외부에서 지원이 많이 왔더라고. 외부에서 지원이 많이 와가지고 사람들이 호응을 해주고, 외부 지원 단체 그런 데서 많이 해서 그래서 우리한테 힘을 많이 실어주고, 예.

　그러고 또 이 안산에서는 조용했어요, 의외로. 왜냐면 떠들썩하게 화랑유원지, 공원 그쪽에서만 이렇게 그 문화가 형성됐지, 무슨 플래카드라든지 그런 게 있었고, 그냥 안산에 우리가 저기만 했죠, 그 이런 조그마한 천막 다는 거, 현수막 그거만 달았죠. 안산에다가 세월호, 우리가 각각의 이름, 애들, 희생자 이름, 누구 아빠, "아라 아빠 김응대. 이제 세월호 사건을 재수사하라" 그런 거 달고, 그런 거는 한 두세 번 [했었어요]. 그게 찢어지고 저기 해가지고 교체하고 계속했었죠. 그렇게 하고 여기 최근에 다 철거했죠. 예, 그렇게 저희가 한 건 그거밖에 없어요. 안산에서 특별히 방송하고 떠들고 시끄럽게 한 거는 없고, 특별히 저희 추모 날이나 추도식 날 그런 때만 거기다 대규모 집중적으로 화랑유원지 거기서 떠들썩하게 했죠. 떠들썩하게 했다는 표현은 그렇지만 아무튼 크게 했죠. 그 외에는 조용했어요, 안산에[서는] 오히려.

이 사람들이 당시에 많이, 새누리당이니 뭐니 일부 정치가들이 그런 걸 꼼수를 써가지고 개인택시니 택시들한테 "세월호 때문에 안산 상권 다 망한다" 이런 거 쓰고 다니고 하는 거 보면은, 오히려 그게 모든 걸 갖다가 그런 것도 정치화, 쟁점화하는 게 참 너무나 이 마음이 좀 아팠고…. 그게 장사가, 사람들이 내가 슬퍼 가지고 음식 안 먹고 저기 하는 거지 우리가 사람[들한테] 거기 저기 [장사를 못 하게] 했나? 시민들이 그때 조금 "한동네에서 저기 [아이들이 희생되고] 했는데, 우리가 노래방 불러가지고 뭐 신나게 [노래하고 놀고] 하나…" 이런 시민들[의] 자각 의식은 그건 하나의 자각 문화지 우리가 뭐 "그렇게 하지 말라" 그런 거는 당연하고[당연히 아니고], 하나의 이 땅에서 사는 국민으로서 지들 장사 안 된다고 그걸 갖다가 세월호 때문에 장사 안 된다고 그러는 거는 말이 안 되지, 그걸 갖다가. 그게 어떤 미친놈이 그래? 남은, 이웃집은 초상 분위기인데 노래, 술 처먹고 노래 부르고 하는 게, 그거는 추모 애도 기간으로서 지들이 지켜내야 될 거지, 지금도 그걸 갖고서 지금 쟁점화하잖아요.

"여기에 추모공원 지으면 여기에 상가권 다 망한다" 근데, 지금은 그런 거는, 사람들 추모 애도 의식이 마음이 가셨지. 지네들이 노래 부르고 술 먹고 하는 거는 자연[히]…, 분명하지만은 '거기 있으면 있는가 보다' 이렇게 생각하지, 거기에 있다고 해서 술맛이 나고 안 나고 그 차이는 안 나지. 오히려 단지 안산이라는 시가 자랑스러운 거는 아니지만은 그래도 건강하게, 이렇게 정책을 펴서 이 추모공원도 떳떳하게 사람들이 많이 찾을 수 있고, 경배하고 되돌아볼 수 있는 공간을 마련해 주는 거에 대해서 일부 타 지역 사람들이 부러워할 대상으로 이렇게 되지. 그걸 갖고 참 잘못되어서 저렇게 된, 저렇게 한 거 잘못된 거라고 생각하진 않을 거라고 생각해요. 왜냐면 우리가 이 사건은 그걸 느끼고 본 사람들은 잊을 수가 없죠.

이게 매일 있는 것도 아니고 대규모 학살 비슷한 사건으로 남아 있는데, 이거는 어디서 이렇게 대형, 몇백 명이, 21세기 이런 첨단 장비가 된 나라에서 보고서도 구하지 못한, 그런 건 무능한 정부를 갖다가 나타낼 수 있는, 국민들이 느끼고 정부도 반성해야 될 유산물로 남겨야지. 그 만약에 새누리당이나 자유한국당이 자기네들이 집권을 계속한다면은 저거는 없애려고 무던히 노력하겠죠, 자기네들이 치부를 보는 듯하니까. 하지만은 진정한 민주주의 대한민국에서는 저런 게 유산으로서, 유산보다도 조형물로서 남아서 국민들이 깨우치고 정부도 반성해야 되고 또 이런, 이 우리가 쉽게 말하면 생명공원이라 생각하면 되는 거죠. 생명 존중, 인간 존중 그런 거라고 생각하면 되죠.

단지 이거는; 참 그리고 "국민이 주인이다"는 거를 이게 외부에 보여주는 것이라고 생각해요. 이게 국민이 주인이고 생명이 존중이 안 되는 나라 같으면은 없어져야 되죠. 그렇지만은 그거를 실천할 수 있으면은 저게 있어야죠. 독재인 나라에서는 없어야 되지만은 우

아라 아빠 김용대

리나라는 민주주의잖아요. 독재인 나라는 오로지 독재자의 초상만 전국 방방곡곡에 있어야지, 그 신적인 추앙을 세우려고. 아마 그 여자 대통령이 계속 있었으면은 자기 아버지 동상을 화랑유원지에 세웠겠지, 저걸 없애고.

9

촛불집회를 겪으며 무능한 정부에 대한 자각과 참여 시민들에 대한 존경

면담자   2016년 이후로 사건들이 이어졌어요. (아라 아빠 : 16년?) 국정농단 사태가 밝혀지면서 촛불집회가 시작되고 굵직한 사건들이 있었는데 그때 어떤 활동을 하셨는지 기억나시는 게 있으면 얘기해 주세요.

아라 아빠   예. 우리가 처음에는 촛불이 몇몇 사람들에 의해서 했잖아요. 그러다 그게 커지고, 그리고 사람들이, 깨우친 사람들은 나왔거든요. 처음에는 참 촛불이 이화여대 최순실 딸 누구죠? 왜 (면담자 : 정유라요) 정유라. 어떻게 보면, 이게 거꾸로 가면은 걔가 완전히 초점이에요. 정유라가 부정 입학을 해가지고 그게 이화여대에서 파헤쳐져서 이슈가 되고, 그 사건이 최순실까지 번지고, 이렇게 되고 박근혜가 이렇게 여러 가지 사건들이 얽히고 저기 했는데….

면담자   갑자기 드러나는 걸 보시면서 어떤 생각이 드셨어요?

아라 아빠   우리는 이 사건 나기 전에 "이 정부는 썩었다"[라고] 세월호 가족들은 많이 외쳤거든요 광화문 집회 때, "무능하고 정부가 잘못되고 있다"[라고]. 그런데 이 물질적인 증거가 정유라 사건이라는, 최순실하고 얽매이고 그런 것이 나타난 거죠. 그래서 제 생각은 우리가 화랑유원지 분향소를 하면서도 박근혜 욕을 많이 했어요. 정부 비판을 많이 하고, 거기서 주로 하는 게 "정부가 이게 잘못되고 뭐가 있다", "박근혜가 실력도 없는 게 중국 가서 영어 자랑하고 뭐한다. 영어 진짜 하나도 못한다. 오바마 대통령한테 질문하면 뭔 말인지 알아듣지도 못하고 참모가 써준 원고만 읽고 앉아 있다" 이렇게 사람들하고 그런 거 서로 얘기하니까 속이 풀어지더라고. 그런 거 얘기하고….

그러고 저희는 지금도 마찬가지이지만 "기도하면은 이루어진다…". 우리가 어떤 수녀님하고 얘기했어요. "수녀님, 저는 제 생각인데 우리가 작은 거는 금방 기도가 이루어지고 큰 거는 아무래도 전 10년 이상은 되고, 어떤 거는 뭐 몇십 년 가고 그러는데 박근혜가 이렇게 탄핵되고 이게 이렇게 하는 거 보면은 하나님 그래도 기도는 빨리 들어준 거 같아요. 한 4년 만에 이렇게 들어준 거 같아요". 그러니까 수녀님도 "아라 아빠도 참 그렇게 생각하는군요. 나도 그렇게 생각해요" 하면서 둘이 호응이 되는 거야. 그래서 저 같은 경우에도 "이게 참, 사람들이 깨어 있어야만이 빛을 볼 수 있다. 국민들이, 시민들이 깨어 있지 않고 거기에 대해서 자기 밥벌이만 죽어라 하고 정치에 관심이 없고 저기 하면은 국민들 힘으로 이렇게 새로운 세상을 맞이할 수 있고, 촛불을 혁명에 크게 해야 되지 않나?" [생각했어요]. 아무튼 그때 당시에는 촛불에 있는 사람은 "나는 깨어 있는 사람이니까 여기 나왔다" [하는 사람들이고], 사람들이 다 존경스럽더라고, 거기에 나온 사람들이 다 그냥.

면담자   아버님도 매주 가셨어요?

아라 아빠   근무하는 날 빼고 거의 격주로 계속 갔죠, 계속 격주로. 매주는 안 가고 격주로 가고, 우리 아라 엄마 같은 경우에는 거의 매일 간 거 같아요]. 가고, 아무튼 추운 날, 그때 10월 달 추울 때 본격적으로 진행이 됐잖아요. (면담자 : 그렇죠) 예, 추울 때 눈 날리고 하면서 서로 사람들하고 뜨거운 커피 시민들하고 나눠 먹고, 싸온 거 [나누어 주기도] 하면서…. 보면은 많이 배웠다고 해갖고 온 사람들은 그렇게 많이 못 봤어요. 오히려 순수한 가정주부, 이렇게 소탈하게 생긴 아저씨뻘, 이렇게 촌티 나는 비슷한 그런 인상, 그런 사람들하고 소통하면서 조금은 위안이 되더라고. '이런 사람들도 많이 [있구나]. 내가 만약에 세월호 사건이 안 났으면 나는 여기 과연 왔었나? 아마 못 갔을, 안 왔을 테지. 그냥 방송으로나 접하고 땅을 저기 하면서 저 사람, 나쁜 놈 하고 손[가락질] 그것만 쳤[겠]지' [하는 생각이 들더라고요].

        거기에서 느낀 게 또 하나, 이게 단체적으로 사람들 움직이는 그 필요성, 그게 참 중요하다 생각해요. 그래 가지고서 희망연대이니 그런 거를 조직해 가지고 해서 같이 움직이고 그래 가지고, 그때 당시에는 개인적으로 온 사람들도 많이 있지만은 멀리서 강원도에서 차를 대절해 가지고 온 사람들이 많았거든요. 그래도 참 위대해 보이더라고, 멀리서 자기 경비 내고 오고…. 그게 불붙듯이 진짜 촛불 같이, 불이 확산되듯이 처음에는 조그마하더니 점점 점점 더 커지고 그게 시청이니 전철 타는 데까지 진짜 사람들 빽빽하게 타가지고 집에 오는데 사람을 못 비집고 나가요. 비집고 '이 골목으로 가면은 편안할까?' [하고] 골목을 찾았는데 거기도 빽빽한 거야, 사람들이 꽉 차고. 그래 가지고 '그래도 나라가 좀 희망이 있다. 만약에 저런 일이 안 있고 그냥 우야부야[유야무야] 넘어가면은 농락하는 정치인들이 지금도 농락하고 있지 않을까? 정신 우매한 개돼지 취급하면서 국민들을 갖다가 농락하지 않을까?' 이런 생각이 많이 들었고, 그때부터 사람들이 '제발 정치에 관심을 갖자' 하는 생각이 많이 들었을 겁니다.

우리가 그 전까지는 괜히 은연중에 그러잖아요, "정치 얘기하지 말자. 국회의원, 그런 거 [관심 갖는 거는] 시간 낭비이고 뭐하다"[라고]. 그거는 일부러 누군가 소문을 퍼뜨린 거 같아요. "정치하는 사람[에 대해 이야기하는 것]은 시간 낭비고, 지가 정치가도 아닌데 정치하고" [한다고 나쁘게 보잖아요]. 그래서 저번 시간에도 얘기했듯이 우리나라가 그런 토론 문화, 정치, 그거는 진짜 해야 된다고 생각해요. 왜냐면 정치를 직접 안 하더라도 알고는 있어야 될 거 아니에요. 잘 못하는지 잘하는지도 모르면서 그게 유권자라고는 생각하지 않아요. 유권자라는 건 그 사람이 진짜 잘하고 있는지 알고 있고, 내가 평상시에 생각을 하고 있고 그러면은 비리가 났을 때는 바로 뛰쳐나갈 수 있거든요. 그렇지 않고서도, 그거를 생각하지도 않고 그러면은 가야 되는 건지 안 가야 되는지 그것도 판단도 안 선다고. 그렇지만 나온 사람들은 관심을 갖고 있었기 때문에 이렇게 나오고, 그때 발언하는 사람들 중에 꼭 말 잘하는 이런 지[식인], 대학교수 그런 사람들이 아니라 맨날 소소한 시민들, 청소부 아줌마들이 단상에 올라가서 얘기하고, 고등학생이 올라가서 얘기하고 이런 상점, 개인 사업하는 아저씨들이 올라가서 얘기하고….

단지 그 사람들 하는 얘기는 "이 손을 잘 놀려야 된다. 이 손을". 뭔 얘기냐면은 (웃으며) 이거 찍을 때 잘 찍어야 된다(웃음). "이 손 하나가 이 나라를 망치고 흥하게 하고 뭐 한다, 이 손. 그러니까 투표 때는 꼭 투표하라" [하면서] 서로가 투표하자고 권유하고…. 그래서, 나중에 갈 적에는 저도 참, 그때는 정신력으로 했죠. 왜냐면은 제가 새벽에 나가면은 거의 12시 넘어서 집에 들어오면은 잠 대충 자고 다시 여기서 집회하러 간다 그러면은 여기 우리가 점심때쯤에, 오후에 버스 타고 올라갔죠.

면담자 새벽 근무하시면은 점심 12시에 들어오시는 거예요?

아라 아빠 아니요, 밤 12시. 몸이 막 지친 상[태에서] 지쳐가지고 움직인다는 거 [쉽지 않은 일인데], 지금 하려면 그렇지만은, 일단은 뭔가 자식을 위해서 하는 게, 이게 "이 일도 하나의 사건이다" 해서 한 거죠. 왜냐면은 아직까지 세월호 사건이 그 당시, 지금도 정리 안 됐지만 그때는 더더욱 정리 안 됐고, 나라에서는 아무런 움직이려는 것도 없었고…. 또 사람들 많은 데서 유가족들의 말을 전달할 수 있는 기회가 되고, 그래서 사람들이 많이 동참을 해주고 거기에 대해서 우리 세월호 사건에 대해서 이런 우리 대변인들이 얘기했을 적에 이의를 제기하거나 하는 사람도 없었고, 우리는 그 사람들한테 세월호 사건에 대해 상황만 얘기했을 뿐이거든, 상황만. "지금, 아직 인양 안 하고 있다, 애들이 그 속에 있는데" (한숨) 이것도 유가족, 아예 시신을 못 찾은 그런 허, 누구인가? (면담자 : 다윤이요) 허다윤 아버지가 단상에 올라가서 슬픔으로, "제발 나도 우리 유가족을[이] 될 수 있게 해주시면" 그렇게 [말을] 하니까 애들, 사람들이 많이 기도하고 그러니까 결국엔 찾았잖아요, 마찬가지로.

우리, 그냥 당연히 특별난 그런 것도 아니지. 그때 시신을, 그 애들, 유가족, 이 가족[들을 위해] 미수습자를 찾고 인양을 하고 진실 규명하고 그런 거죠. 그리고 "책임자 처벌을 왜 아직 안 하느냐?", "거기에 대해서 책임자 처벌을 해달라" 그거 요구니까, 지금도 그 사건에 대해서 책임자 처벌을 한 사람 없잖아요. 그냥 단순히 선원들 몇 명 감방에 보내고 그것만 했지, 정부 관계자들은 거기에 들어간 사람 없잖아요, 아직까지 하나도. 겨우 옷 벗고 딴 데로 전직하거나 그 정도지, 그게 엄청난 사건에 대해서 [책임자를 처벌한 것이 그게 전부잖아요]. 아까 질문한 거 내가 잊어버렸네?

<h2>10
세월호 인양과 아라의 소지품 발견</h2>

면담자   다 말씀해 주셨어요. 그리고 나서 결국은 인양을 했는데, 이후에 혹시 아라 물건이 찾아진 게 있으면 그거에 대해서 어떻게 소식을 들으셨는지 듣고 끝내겠습니다.

아라 아빠   (한숨) 진짜 그 새누리당이, 침몰하고 나서 오히려 지

렛대 원리에 의해서 한쪽이 가라앉으니까 한쪽에는 또 떠오르더라구요 (웃으며) 허망하게. 그때 기억은 안 나지만은 박근혜가 탄핵되고 감방에 갔을 때 세월호가 인양됐나요? 아무튼 탄핵되고 인양됐는지, 아무튼 그 시점하고 비슷해요. 그렇죠? 누구는 몰락했을 적에 세월호는 떠오르고. 왜 우리는 그때 당시에 "아, 진실이 떠오른다"고 해서 많이 환영을 했죠. 진짜 사진으로만 보고 그림으로만 본 세월호를 갖다가 우리들이 그 직접 봤잖아요. 진짜 다 녹이 슬고 조개껍데기가 다닥다닥 붙어 있고 완전히 처음 봤을 때는 괴물로밖에 안 보였어요. "저게 괴물이다. 우리 애들을 집어삼킨 괴물이다" 완전히 만화에 나오는 파란 해골의 아지트마냥 무슨 유령들이, 하여간 (한숨을 쉬며) 그런 걸로 느껴지더라구요, 나쁜 사람들(한숨). 그러면서도 참 제 개인적으로 느낀 거는 '배 만드는, 조선에 대해서 이렇게 제1의 선진국에서 저런 배 하나 제대로 못 만들고 일본에서 쓰다 남은 쓰레기를 수입하게끔 정부에서 허락해 가지고 왜 저런 사건을 만들었나' 이런 생각이 들더라구요.

그러고서 시신, 애들 찾고 우리가 미수습자들 몇 명 찾았잖아요, 인양하고 나서. 찾고, 또 그때 당시 아라 지갑이 그대로, 이것도 지금도 보관하고 있는데, 지갑에 도서 대출증이라든지 포인트 카드 그런 것도 있고, 아빠가 준 돈, 현금 (한숨을 내쉬며) 몇만 원, 그때 당시 한 6만 원인가 하고 1000원짜리 몇 개, 잔돈 몇 개 이렇게 나왔더라구요. 나머지는 어떻게 썼는지는 모르겠고(한숨). 돈이 오래돼서 그런가 한쪽 귀퉁이에 녹과 같이 이렇게 녹물이 들고, 한쪽으로는 이게 찢겨나가고 이렇게 했고…. (면담자 : 아라 물건이 발견됐다고 연락을 받으셨어요?) 예, 그렇죠. 거기에 아라 사진하고 학생증인가 하여 간 그걸 보고 아라 거라고 연락 왔더라고, 이 목포 해양 담당 그쪽에서. 그래 갖고 그때 기회를 보고 있다가 한 며칠 있다가 내려갔죠. (면담자 : 인양되는 날에는요?) 인양되는 날은 못 갔어요. 인양되고 나서 목포로 오고 나서 갔어요.

면담자   물건 연락받기 전에도 인양된 세월호 보러 한번 가셨어요?

아라 아빠   예, 그렇죠. 물건 연락받기 전에도 갔었죠. 인양되고 나서 한 2, 3일 있다가 간 거 같아요. 그때 거기에 목포시에서 컨테이너 놔주고, 그 전에는 천막에다가 사람들이 해가지고, 목포에서는 적극적으로 움직여 주더라고. 바로 그다음 날 천막 들여오고 목포 쪽에 국회의원이, 그때 당시에는 우리 야당, 민주당 그쪽 담당이니까 그 사람들이 적극적으로 해주더라고, 그리고서 거기서 하룻밤 같이 자고. 거기에 그때 당시에는 안에는 못 들어가고 펜스 쳐가지고 바깥에서 보고, 뻘 잔뜩 묻고 그냥 그렇더라고, 뻘 잔뜩 묻고…. 저거 진작에 올렸으면 그래도 흉측하지는 않지. 흉측하게 저게……. 그리고 우리 아라 가방은, 배 침몰했을 때 여행용 가방 그거는 침몰했을 때 시신 인양할 적에, 시신 나오고 나서 며칠 있다가, 몇 달 있다가 나왔지, 몇 달 있다가. 그때 배 속에서 이거를, 아이들 유류품 같은 거를 같이 인양했었잖아요. 그래 가지고 지금 따로 보관하고 있을 거예요, 예.

면담자   물건은 여기 기억저장소에서 보관하고 있나요? (아라

아빠 : 예) 지갑은요?

아라 아빠   지갑은 내가 보관하고 있고 (면담자 : 집에요?) 지금 아라 가방도 내가 보관하고 있어요. (면담자 : 직접 보관하고 계세요?) 직접 내가 그 뺄 된 거 집에서 직접 제가 세탁하고 그래 가지고 다리미 싹 하고 밀봉해 가지고 지금 보관하고 있어요. 어떤 사람은 다 그냥 버렸다고 하고 그러는데 저는 버릴 수 없더라구요. 그냥 어떻게 될지 모르지만은 그냥 갖고 있어요.

면담자   2차 구술증언을 마무리하겠습니다. 수고하셨습니다.

3회차

2019년 3월 18일

1
시작 인사말

면담자　　본 구술증언은 4·16 사건에 대한 참여자들의 경험과 기억을 기록으로 남김으로써 이후 진상 규명 및 역사 기술에 기여하고자 합니다. 지금부터 김웅대 씨의 증언을 시작하겠습니다. 오늘은 2019년 3월 18일이며, 장소는 안산시 단원구 4·16기억교실입니다. 면담자는 이예성이며, 촬영자는 강재성입니다.

2
아라의 원한을 해소하기 위해 해온 활동

면담자　　3차에서는 아버님 삶의 전체적인 변화, 4·16 참사 이후의 깨달음에 대해서 들어보겠습니다. 직장을 다니시면서 활동을 해오신 거 얘기해 주셨는데 활동이 잦아들기 시작했잖아요. (아라 아빠 : 예, 그렇죠) 그 시점이 어느 때부터인가요?

아라 아빠　　세월호 인양하고 나서, 문재인 정부 들어서고 좀 잦아진 거 같아요. 왜냐면은 제 생각은, 현 정부를 너무 자극하면은, 당연히 대통령님께서 약속했듯이, 취임식 때 세월호 유가족들한테 "대통령으로서 이 사건을 책임지고 밝혀주겠다" 이렇게 약속하셨기 때문에 저희들은 믿고 기다려야죠. 그렇지만은 그게 소홀한 것 같아요. 대통령님께서 물론 국정에 바쁘시고 자기 당권의 편애적으로 세월호를 취급한다는 게 부담스러울 거 같은 [생각이 들기는] 하지만은 '약속한 것에 대해서 좀 해주시는 게 오히려 대통령으로서 국민들한 테 신뢰감을 더 주지 않을까?' 왜냐면은 '다른 사람, 대통령이 못 한 거를 이렇게 자기는 부지런히 열심히 했다는 것을 세대, 아니 역사 속에도 남겨야, 남기면은 좀 좋지 않을까?' 이렇게 생각해요. 괜히 저는 이거 보고 '아니, 대통령 의지가 있으면 하는 거지. 국회의원들 이 반대한다고 해서 이게 안 되나?' 나는 참 의문스럽더라고. '야당 에서 반대하면 어쩌고, 꼭 통과가 되어야 되나? 대통령 의지와 권한 으로서 저런 거 못 하나?' [하는 생각이 들더라고]. 대통령 직속 권한으 로서 저걸 특별 기구를 설치해서 "저거를 조사해 가지고 나한테 갖 고 와" 하는 명령만 내리면 되는 건데 무슨 놈의 법이 이렇게 까다롭 고 뭐 하는 건지…. 세상에 사는 게 진짜 너무 힘들어. 우리는 참 이 날을 학수고대하고, 이렇게 우리 세월호 가족뿐만 아니라 여기에 대 해서 의문점이 많은 국민들이 당선시켜 줬는데, 국회의원 및 대통령 을, 그러면 '거기에 대해서 책임을 좀 이렇게 지는 게 도리이지 않을 까?' 이렇게 생각해요.

면담자　　　최근에는 활동이 줄어들었다 해도 5년 가까운 시간 동안 활동하신 거잖아요. 그렇게 활동을 할 수 있었던 이유가 뭐라 고 생각하세요?

아라 아빠　　　단지 개인적으로는 아이들 원한을 최소한 풀어주기 위해서는, 저번에도 얘기했듯이 그 원인을 밝혀주는 게 "뭐가 잘못 되고 이렇게 됐다" 국민들한테 왜곡, 아직도 왜곡되게 생각하는 사람들한테 제대로 심어주는 게 유가족들의 마음이고, 소심한 생각으로는 조금이나마 자식을 죽인 원수를 갚는 게 부모 된 심정이라고 생각해요. 그렇지 않고는 편히, 물론 지금 앞으로도 조금이나마 위안이 되고 편히 부모로서 죽은 자식한테 도리를 할 수 있는 거라고 생각해요. 만약에 자기네들 못 한다면은 우리가 하면 되는데 우리가 개인적으로 활동해 가지고 조사하고 뭐 한다는 것은 법에 많이 저촉되잖아요. 개인 사찰도 할 수 없는 거고, 개인을 갖다가 감금시켜 가지고 윽박질러 가지고 토해내라고 할 수도 없는 거고. 그니까 우리한테는 권한 밖의 일이라 우리는 우는, 지금도 울고 외치고 해달라고 떼쓰고 하는 길밖에 없는 거죠, 그냥.

면담자   직장생활과 세월호 활동 둘 다 챙기긴 힘드셨을 것 같아요. (아라 아빠: 예, 맞아요) 가끔은 지쳐서 쉬고 싶을 때도 있으셨을 것 같은데, 그런 과정에서 특히 아쉬운 점이나 후회되는 거 있으세요?

아라 아빠   그러니까 제가 매일 일어나서는 또 다음 날에 일어날, 할 일에 대해서 계획을 잡고 제 마음을 추스르고 하거든요. 그니까 정신적으로 버티면서 한 거 같아요. 왜냐면은 '이 일에 대해서 안 하면은 내가 나중에 후회할 것 같다', 왜냐면은 그렇게 했는데, '아빠로서 아무것도 하지 못하고 했으면 후회할 것 같다' 그런 생각이 들고…. 글쎄 아쉬워하는 것은 애를 갖다가 아빠로서 [수학여행을] 가라고 이렇게 떠민 거에 대해서 엄청 아쉽고, 그리고 저번에 1차 때 얘기했듯이 학부모로서 소극적으로, 이 학교생활에 관여한 거에 대해서 엄청 아쉬워하고 그랬죠. 이게 적극성 있고 이런, 저번에도 얘기했듯이 토론 문화가 제대로 형성되고 진정성으로 개방 교육이라고 하지만은 나라에서 시키는, 마지못해서 이런 학부모 방문의 그런 날을 잡아가지고 학교에서 의례적으로 하는 행사, 짜맞추기식으로 이렇게 하는 교육, 지침서대로 하는 그런 거 실질적으로는, 원칙적으로 학부모님들이 소소하게 모든 걸 다 학교 사정에 대해서 알고 관여하고 이러지 못한 거에 대해서 엄청 아쉽죠.

'이걸 제대로 알았으면, 이런 사건이 일어나는 거를 누구 하나' 저번에도 얘기[했듯이] '막지 않았을, 미리 차단시키지 않았을까?' 참 지금까지 살아온 거에 대해서 더 적극적으로 눈치 보지 말고 했어야 되는데…. 그냥 내 딸 조금이라도 기 살리려고 형식적으로 학교생활을 방과 후 이런 거도, 그런 것만 조금 참석할 정도. 애들 방과 후 귀가길 안내, 밤에 순찰, 그런 거 (면담자 : 하셨었어요?) 그 정도만. (면담자 : 그래도 많이 하신 것 같은데요) 아니에요. 그거는 학교 그런 게 다 내려왔기 때문에 자기네도 해야 한다고 하더라고. 이름이라도 올리라고 하길래 마지못해 이름 올리고 이렇게 했고 했는데….

그래서 아무튼 애들 갔다 오면은 거기에 있는 사람들도 조직된 게 얼마, 서로 몰라가지고 아빠는 저하고 누구 아버지, 남자는 두 명이고 다 여자들인데…. 여하튼 그거 끝나고 나서 학부모 조직들끼리 양평인가 어디로 가기로 했었거든요. 그때 돈 얼마씩 걷어가지고. 그래 갖고서 '좀 그런 저기 했으면, 좀 더 적극적으로…. 이렇게 되지 않았으면, 왜 2학년 때 왜 그렇게 됐나?', '1학년 때부터 그런 사람들을 더 만나가지고 적극적으로 소통했으면은 이런 여행 가는 것도

128

아라 아빠 김응대

서로 의논하고 얘기가 오갔을 건데…', 2학년 때 그런 게 조직화되어 가지고, 1학년 때는 조직되어 가지고 신청하는 경우는 없었는데, 2학년 때 연락 오더라고. 그래서….

면담자   아버님, 사고 이후 제일 힘드셨던 점은 어떤 거예요?

아라 아빠   4, 5년 동안? 〈비공개〉 '참, 이거 살아야 되나, 죽어야 되나. 또 이거 놔두고 죽을 수도 없고. 똑똑한 사람들이 있어야 가정을 맡겨놓고 죽기라도 하지' [하는 생각이 들고는 해요]. 이러지도 못하고 저러지도 못하고 그게 힘들고…. 또 이 사회에서는 주위 사람들한테 "이 그 보상금 받았으니까 좋지 않냐?" 이런 식으로 말들이 들어오고 이럴 적에는 그게 더 힘들고(한숨). 또 그런데 저희로서는 그걸 차마 쓸 수가 없어요. 그게 건들고 흥청…, 그냥 못 건들겠더라고. 딴 사람은 어떨랑가 모르지만은 그냥 내가 먹을 건 내가 벌어서 먹어야지, 그걸 자식 팔아 시키고서 그걸로 먹는 게 어떻게 보면 자식 뜯어먹는 기분 같기도 하고 그래서….

또 한 가지는 크게 정치적으로는 자유, 새누리당, 몇몇 정신 나간 국회의원들이 세월호 사건에 대해서 "거기에다 수장시켜 가지고 추모공원을 만들어야 된다", "세월호 사건을 갖다가 돈벌이 수단으로 유가족들이 달려든다" 이런 식으로 할 적에는 많이 힘들죠, 우리는 그런 거 없는데…. (잠시 침묵) 그런 거 같아요, 예.

3
참사 이후 변화된 아내와의 관계

면담자　　어머님 건강 문제도 그렇지만 어머님과 아버님 관계 자체가 완전히 바뀌신 거예요? 아니면은 괜찮을 때도 있지만 안 좋을 때가 좀 있는 거예요?

아라 아빠　　아니에요, 완전히 바뀌었어요. 완전히 지금 상태에서는, 저는 정신적으로 움직여야만이 그나마 있는 가정이라도 유지된다는 신념으로 살지만은, 엄마는 희망도 없고 뭘 하려는 의지도 없고 식물인간 비슷하게 있는 거 같아요, 그냥.

면담자　　소통도 잘 안 하시고요?

아라 아빠　　예, 다른 엄마들같이 이렇게 이런 데 와가지고 했으면 좋겠는데 집에서만 있고 하니까….

면담자　　아버님이랑도 소통이 안 되시는 건가요?

아라 아빠　　예, 소통이 안 돼요, 얘기 자체가. 〈비공개〉 이러지도 못하고 저러지도 못하고…. 이거 진짜 완전 저 같은 경우는 완전히 편한 곳이 없어요, 솔직히. 그래서 어떤 때는 정년퇴직해서 조용히 딴 데 가서 혼자 살고 싶기도 하고. 근데 아라 오빠가 어느 정도 독립하고, 결혼하고 해야 그 차후의 일이지, 그러지 않고서는 내가 지금 여기를 뛰쳐나가거나 어떻게 할 수도 없고, '현상 유지하는 게 오히려 최선이다'는 생각으로 생각을 하고 있어요. 뭐가 잘못된 건지는 모르겠지만 아무튼 누가 코치해 주고, 누가 이렇게 해줬으면 좋겠지만은 그런 마땅한 상담자들도 없고, 나 혼자 고민하고 버티고 있어요.

면담자   아라 오빠는 군대 갔을 때만 빼고 계속 집에서 같이 지내고 계신 거죠? (아라 아빠 : 예) 같이 살고 계신 거죠? (아라 아빠 : 예) 군대는 잘 갔다 왔어요?

아라 아빠   예. 군대는 저기 저도 처음에는 솔직한 얘기로 자식들 중에 하나는 잃었고 또 한 자식을 위험하게 군대 보낸다고, 내가 군대생활 해봤기도 하지만은 참 위험하고, 뭐 한다고 전방이라도 빠져 가지고 [잘못되면], 그전에도 사고 많이 났었잖아요, 지뢰 폭발 사고라든지. 전방에서는 그전만 해도 의외로 총격 사건이, 알려지지 않은 사건이 많다고 하더라구요. '그런 데로 가가지고 지뢰 제거반이니 그런 데 가가지고 사고나 나지 않으면 어떡하나' 별생각이 다 났죠. 그래 가지고는 진짜 제가 할 수 있는 일은 '아이고, 저거 군대 안 보내면 안 되나…', 이건 솔직히 개인적인 욕심으로 '아니, 세월호 사고 나가지고 자식 잃었는데도 진짜 정부는 진짜 너무하다, 군대까지 또 가라고 하고' [생각했어요]. 쉽게 말하면 '아니, 다른 놈들은 산업체 근로자들이니 지역 방위, 옛날로 얘기하면 방위니 그런 것도 잘해주면서 왜 그런 혜택도 없나' 한순간 또 원망스럽더라고.

결국은 군대 갔어(웃음). 갔다가 만기제대했어요, 별 탈 없이. 애가 군대 가고 나서 지들 엄마는 일주일이 멀다 않고, 왜냐면 일요일날은 면회가 되고 외출, 외박이 되니까 맨날 멀다 않고 애 데리고 나와서 숙박하고 보내고, 지들 엄마가 그렇게 했어요. (면담자 : 혼자 가

섰어요?) 저하고 같이 갈 때도 있고, 혼자 갈 때도 있고. 거의 진짜 한 달에 한 평균 두 번 이상 갔어요, 지들 엄마가. 저기에서 양주에서 근무했거든요. 다행히 그렇게 최전방으로는 안 빠지고 여기서 1호선 양주까지, 양주역까지 있더라고. 지들 엄마 가고, 아무튼 돈도 많이 썼죠, 지들 엄마가 맨날 그렇게 가니까. 이면 때는 (한숨을 내쉬며) 가가지고 정신도 저기 한 사람이 올 시간 됐는데 안 오면은 괜히 불안하고 걱정되기도 하고, 밤늦게 오고 하여간. 아무튼 '그래도 엄마가 아빠보다 더 위대하구나' 그걸 그때서야 [알게 되었죠]. 아들하고 아빠는 그렇잖아요…. [저는] 한 달에 한 번 갈까 [말까] 이렇게 하는데 엄마는 그냥 맨날 가고 저기 하는 거 보면은, 그래도 자식이라고. ⟨비공개⟩

면담자   아라 오빠랑 아라 얘기도 하시나요?

아라 아빠   아라 오빠하고 단둘이 있을 때는 아라 얘기는 잘 안하고, 둘이 아들하고 술 먹을 기회가 있어 가지고 술 먹고 그러면은 아들도 울더라고. "우리 집에서 희생되려면 내가 희생되어야지 왜 똑똑한 동생이 희생됐냐"고 그래. "뭔 소리냐?" [하면] 걔도 그런 걸, 여러 가지 생각을 하는 거지. "집안에서 데려갈, 염라대왕이 데려갈 사람 있으면은 왜 하필 아라를 데리고 갔냐?", 차라리 자기를 데리고 가지 이런 식으로 얘기를 하는, 이런 식으로…. 괜한 소리를 또 했네…. 저도 그런 거를 얘기를 생각을 했어요(침묵). 이거는 참, 우리가 그 밭에서 이런 빽빽하게 자라는 곡식들이[을] 솎아줘야 된다고 하잖아요. '과연 그러면 하늘에 계신 하나님이나 염라대왕이 애들을 데리고 간 게 이 나라, 이 땅에 인구가 많아 갖고 솎아주려고 그렇게 데리고 갔[나]…', 어떤 때는 내가 생각을 해요. '왜 죽을 사람들이 안 죽어가지고 어린 애들이 죽어야 되나…' 괜한 소리를 [하네요]. (면담자 : 그런 생각이 안 들 수가 없죠) 별생각이, 별생각이 다 나는 거예요, 별생각이. 그래서 어떤 경우는 '천국에는 애들이 똑똑한 애들만 먼저 가나?', 보통 보면은 참 잘나고 똑똑한 애들이 먼저 가는 거 같더라고. 그래서 '천국에 사람들, 인재가 없어 가지고 똑똑한 애들을 데리고 가나…' 그런 생각도 하고 별생각이 다 나는 거예요, 이 생각, 저 생각.

면담자　　그래도 아드님이랑 가끔 술 한잔하시나 봐요.

아라 아빠　　예. 처음에 군대 가기 전에는 술도 안 하고 담배도 못 피더니 군대 가서 술도 배우고 그러더라고.

면담자　　얼마나 자주 그러시나요?

아라 아빠　　외식 같은 거를 나가면 술, 둘이 그냥 먹고 그래요.

4
위안이 되어온 것들

면담자　　지금까지 힘든 점을 이야기했는데요, 그런 힘든 와중에 위안이 되셨던 것도 있으세요? (아라 아빠 : 위안?) 위로가 된 점, 버틸 수 있었던 힘 같은 게 있을까요?

아라 아빠   위안이라는 거는 오만방자한 새누리당이 국민의 지지를 얻지 못하고 민주당이 국회의원 당선이 압승적으로 됐을 적에 그때 제일 기뻤고, 정권이 바뀌었을 적에가 그때 엄청, 우리 우는 유가족들도 있었어요. 기독 예배실에서 "참, 우리 기도가 통해가지고 새 날이 바뀌어졌다"[라고 하면서 울었어요]. 진짜 우리는 암울했거든요. '이 암흑천지의 괴뢰당에 대해 농락당해서, 앞으로 박근혜 다음에 누가, 새누리당 그쪽에 누가 대통령 나오지 않을까? 이게 참 정권이 한번 잡으면 바뀌기 힘든데 이걸 어떻게 해야 되나…. 우리는 맨날 당하고, 언제까지 당해야 되나…' [싶은 게] 참 암울했죠. 그 위안밖에 없었고(한숨), 다른 우리 아들이 군대 무사히 마치고 이렇게 같이 사는 게 위안이 되고 그런 정도죠, 뭐. 특별히 간혹 우리 막내 동생, 여동생 매부가 우리 추모할 적에 같이 와가지고 슬퍼해 주고 할 적에 위안이 되고….

면담자   최근에도 좀 그러셨어요?

아라 아빠   예, 서울에 사는데 평일에는 잘 못 만나고, 그렇게 왔을 때 위안이 되고….

면담자   아버님 댁으로 오시는 거예요?

아라 아빠   예, 우리 집으로 오고.

면담자   그러니까 아버님을 살피러 오시는 거죠?

아라 아빠   그런 것도 있고 아라 추모 생각이 나서 오는. (면담자 : 집으로요?) 예. (면담자 : 위안이 되실 거 같아요) 그렇죠, 예.

면담자　　　현재 가깝게 지내는 분들은 어떤 분이세요? (아라 아빠 : 가깝게 지내는 분?) 전부터 있던 친구랄지, 새로 만난 친구랄지, 유가족이랄지, 누구랑 가깝게 지내세요?

아라 아빠　　　글쎄, 딱히 가깝게 지내는 사람은 지금 향매 아버지, 9반 아라 친구. 희한하게 저기 애들[이] 친구 했던 애 부모하고, 지 애들하고 친구 했던 부모는 또 같은 부모들끼리 또 친해 (웃으며) 지더라고. 아라가 향매하고 엄청 친했는데 향매[아버지]가 나중에 구술할 때 보면 알겠지만은 중국에서 교포라고 해야 되나? 중국에서 이리로 일하러 온 분이에요. 그러다가 여기서 국적을 회복해 가지고 살고 있는데 (면담자 : 부모님 두 분 다요?) 예. 그래 갖고 아라가 향매도 인품이 좋고, 서로 인품이 맞아서 그런가 둘이 엄청 친했어요, 둘이 참. 지금도 향매 아버지하고 친해 가지고 9반 몇몇 아버지들하고 가끔 만나서 술 한잔하고 그 정도죠, 뭐. (면담자 : 가끔이 어느 정도예요?) 가끔? (면담자 : 한 달마다요?) 아니요, 한 달 이후.

　　그전에는 한 달에 꼭 한 번씩 모이고, 정기적으로 모이고, 사적으로 한잔하고 그랬는데 요새는 다들 개인적으로 바빠서 그런지 이게 모이려면은 그쪽에서도 시간 안 되고, 내가 시간 안 되고 그래서 힘들어하더라구요. 근데 향매 아버지 같은 경우에는 내가 가고 싶으면은 아예 집으로, 향매네 집으로 가갖고…. 나보다 한 2살인가 이렇게 많아요. 그래, "형님, 와서 한잔합시다" 하고 가서 스스럼없이 이렇게 만나서 술 한잔하고…. 또 특별히 명예졸업식이라든지 충격적인 일 있을 때는 마음의 응어리지잖아. 서로가 서로를 달래면서 술 한잔하고 이런 정도지.

면담자　　　아버님, 술 원래 드셨어요? 담배도 원래 태우셨어요?

아라 아빠　　예. 그게 그전에는 술, 지금 나이 들어먹으니까 독한 술은 못 먹고 (면담자 : 오히려 술은 줄고 있는 거네요) 예, 주는 거 같아요. 지금은 소주도 못 먹어요, 너무 위에 부담이 되어가지고. 병원에 갔더니 위가 부었다고 하더라고, 그래서 술을 끊어야 된다고 하더라고. 약한 맥주 한잔 정도, 그냥 피곤할 적에, 잠이 안 오고 그럴 적에 그렇게 종종 먹고 그렇게 지내고 있어요.

면담자　　　아버님, 지금 건강상태는 어떠세요?

아라 아빠　　건강이요? 그니까 이 일로 인해서뿐만 아니라 혈압이 증가됐고 당뇨도 생겨나고 그랬는데 지금 약을 먹고 있어요. 당뇨, 혈압약 먹고 있고. 스스로 체력을 보강하려고 운동을 이렇게 하고 있어요. (면담자 : 무슨 운동하세요?) (웃으며) 운동은 혼자 있을 때는 제기차기하고 여럿이 모여 있을 때는 족구하자고 사람들한테, 족구 멤버를 구성해 가지고. (면담자 : 족구 멤버도 유가족분들이세요?) 아니요, 회사 사람들.

면담자　　　족구랑 제기차기랑 둘 다 원래 하셨었어요?

아라 아빠　　제기는 최근에 차고 족구는 원래 이 사건 나기 전에 했었고…. 거의 이 사건 나고 나서 한 2년 동안 안 했죠, 족구를. 그냥 안 한 게 아니라 할 마음도 없었고, 못 하고 있다가 그래도 사람들이 내가 빠지니까 족구를 결집할 사람이 없고 그러니까, 그래 가지고 족구를 다시 결집해 가지고 회사 사람들하고 이렇게 하고 있어요, 일주일에 한 번 하고. 족구를 하다 보면 같이 족구하는 사람들이 여기저기에서 하는 거 알거든요. 같은 동호회들끼리 모여가지고 가는데 찾아가 가지고 같이 운동을 하고, 얼굴 아니까, 이런 식으로 하고 있어요. 그래도 건강을 유지하려면 운동의 필요성을 느끼기 때문에, 아무리 약 먹고 보약을 먹고 해대도 건강이 회복되는 거 없더라고. 운동해야지 건강이 회복되지 아무리 좋은 약 먹고 해도 이게 안 되더라고. 내가 알기 때문에 운동해야 되지, 좋아서 하는 것보다도 건강을 지키려고 하는 거죠.

5
참사 이후 직장생활을 하며 겪은 어려움

면담자　　아버님, 직장 분들이랑 관계는 어떠세요? 이 사건 이후로 쉽지 않으셨을 거 같은데요.

아라 아빠　　처음에는 가면은 혼자 구석에 처박혀 가지고, 사람들하고 얼굴 보는 거 싫어 가지고 그냥 혼자 있는 경우가 많았었죠, 대인기피. 왜냐면은 내 얼굴 자체가 슬퍼 보이니까 슬픈 모습을 사람들한테 보여주는 것도 싫고, 그래 가지고 혼자 일만 하고 쉬는 시간에 혼자 있고, 거의 1년 동안 이런 거 같아요. 그러다가 요새는 완화되어 갖고 (웃으며) 사람들하고 그 전같이 잘 지내고 있어요, 요새는 직장에서는. 그렇지만은 그 전같이 활달하게 산악회라든지 이런 게 있으면 그런 데 적극적으로 활달하게 다니지는 않고 그냥 내 위주로, 내가 할 수 있는 범위 내[로] 축소시켜 가지고 최소한의 그것만 활동하고 있죠. 그 전에는 사람들 많이 알고 활동성 있게 지내고 그랬었는데 요새는 내가 할 수 있는 범위 내에서만 하고….

많이 힘든 거, 그 전에 아까 빠뜨린 게, 이 동료 자식이, 더군다나 딸이 시집간 청첩장 올 적에 그때가 진짜 힘들어요, 지금도 힘들고. 더군다나 애들이 자기 딸 자랑할 적에, "아, 우리 딸 가가지고 자식 낳았다" 그러면 머릿속에 그려지죠. '우리 아라는 지금 컸으면 아이고 대학교 졸업했나?' (한숨을 내쉬며) 그러면 저렇게 얼굴도 이쁘고 키도 컸거든요, 저보다. 173[cm]인가 176인가 이렇게 될 거예요, 키가. '저 늘씬한 키에 치마를 입히면 얼마나 예쁠까? 지나가는 사람들 보면은 [참 예쁘다고 할 꺼야' 하고 머릿속으로 생각하고는 했어요]. 물론 치마 입은 경우는 하나도 없었지만은, '저렇게 생머리 달고 우리 아라도 저렇게 하면은…' [하고 상상하고는 했어요]. 애가 참 지적으로 생기고 이렇게 했는데, 그래서 사진 속에 맨날 아라를 데리고, 꼽고 다니고 이렇게 하는데 지금.

면담자   키가 엄청 크네요.

아라 아빠   지들 엄마 닮아서 키가 커요. 엄마가 키가 큰 편이에요. 그리고 (지갑에서 사진을 꺼내며) 이거는 내가 최초로 우리 아라 1학년 됐을 적에 아빠가 도서관에 책 빌릴 거라고 도서 대출증, 도서 대출 만들었는데, (면담자 : 이 사진만 해도 애기 얼굴이에요) 예(웃음). 그래서 그거는 내가 그래 갖고 댕겨요. 엄청 야무지게 생겼잖아요, 애가. 똑 부러지니 야무지게 생겼잖아요. 그래 가지고 애가 참 이렇게 생긴대로 야무졌어요, 모든 면에서.

면담자   직장 분들이랑 이제는 어느 정도는 잘 소통하면서 지내신다고 하셨는데, 그래도 아버님 상황에 대해서 지지를 받거나 아라에 대해서 얘기를 할 수 있거나 그 정도는 아닌 거죠?

아라 아빠   그 정도는 아니죠. 직장인들도 어떤 애가 아라 동년배 있는데 지 아들 자랑을 엄청 해요, 지 아들이 "ROTC 나와가지고 이번에 장교 임관했다" 얘기하고. 걔가 내 앞에서 얘기하니까 직장 동료들이 "야, 웅대 앞에서 니 그런 얘기를 하면 안 되지, 임마" (면담자 : 그렇게 말씀하시는 분도 계세요?) 예. "자식 잃은 부모한테, 아이고 너도 어지간히 [해라]" (웃으며) 그런 사람도 있고 또 이런 사람도 있고, 사람들이 가지각색이에요. 예, 머릿속에 제대로 든 사람도 있고, 팔불출도 있고 세상이 가지각색이니까. 그래요, 제 성격상 화내고 그런 건 아니기 때문에 직장 동료들한테는 조심[하고], 그 사람들도 몇몇 사람은 조심스럽게 대해요, 아직까지 저를. 이렇게 사고력 있는 사람들은 조심하게 예의를 차리고 저기 하고 그래, 그렇게 해요. 그런 것도 있지만은 저도 세월호 배지를 끝날 때까지는 달고 다녀야 된다는 생각이 있어 가지고 근무할 적에도 세월호 배지를 달고 다니니까. 예, 그렇게.

면담자   그거에 대해서 별말은 없어요?

아라 아빠   아니, 그거에 대해서 제지하고 하는 거 없어요, 예, 그런 거는. 내가 제지[당]할 군번도 아니고(웃음).

　　　　아버님 직업이 대중교통을 운행하시는 직업이잖아요. 4·16 참사의 의미가 더 특별하게 와닿으실 수도 있을 거 같아요. 혹시 안전관 같은 거에 대해 생각의 변화 같은 게 있으세요?

아라 아빠　　　　그렇죠(한숨), 운행하면서 아라 또래들 보면은 생각이 달라지고. 보면은 지금도 그렇지만은 핸들 잡았을 때도 '그 젊은 애들, 아이들 생명을 어른들이 지켜줘야 된다' 하는 생각이 엄청 확고하죠. 이후 최근에 젊은 애들이 실습 나가가지고 죽고 그런 거 볼 적에는 '아, 왜 나이 먹고 쓰잘데없는 사람들 죽어야지 이렇게 새파란 젊은 애들이 어른들이 만들어놓은 덫에 걸려서 저렇게 죽나' 이렇게 생각을 하고 많이 참담함을 느껴요. 그 세월호 사건도 마찬가지지만은 애들이 희생된 거는 어른들이 돈벌이 욕심으로 뭐든지 안전에 대해서 소홀히 해서 이렇게 죽은 거 아니에요? 더군다나 위험한 거를 갖다가 모터 돌아가고 그런 데 혼자 다니고 그러면은 순간적으로 기계 돌아가는 데 옷이 빨려 들어가요. 그러면 그걸 갖다가 자기 힘으로 뺄 수가 없어요. 그래서 그런 경우는 진짜 그대로 죽는 경우가 많아요.

　　저도 그 전에, 이 대중교통 하기 전에 공장에서 관리자로서 기계 점검하다가 기계가 고장 났다고 해서 모터 옆에 지나갔는데 옷이 빨려 들어가는 경우는 경험했거든요, 순식간에. 모터 돌아가면은 이 바지가 휭 하면서 빨려 들어가요. 그래서 작업장에 들어갈 적에는 안전화 이렇게 하면 그걸로 너덜너덜 안 하게 꽉 쪼매야 되는데 그때는 제가 관리자여서 그런 거를 신경 쓰지 않았기 때문에 그래 가지고 저도 다쳤어요, 오른쪽에. 살점이 팍 모터에 순간적으로 팍 파

여갖고 내가 안간힘을 쓰고 빼내니까, 모터가 저기는 조그만 모터였지 큰 모터였으면 빨려 들어갔죠.

그니까 이번에도 태화 어디야? 그 [태안] 화력발전소[에서 김용균] 사건 일어났잖아요. 그거는 진짜 일어날 일이에요. 그거는 왜냐면 한 명이 움직이는 모터 속에서 작업을 하고 한다는 거는, 사고가 날 수밖에 없는 거예요, 지하철 사고라든지 위험하고 움직이는 것은. 진짜 누군가가 이번에도 기계를 정지시켜 가지고 사람이 살았잖아요. 그니까 이게 안전 문화라는 거를 사람들이 인식을 해야지 이게 되는 거지 그렇지 않고서는 힘들어요. 이게 쉽게 말하면 모든 게 자본이, 1차에도 얘기했듯이 자본이 사람 생명보다 우선이기 때문에 이런 일이 발생한 거라고 생각해요. 사람 생명이 우선이고 자본은 나중인데, 우리는 이 국민, 이 자본가 입장에서는 자본을 갖다가 하나의 노동을, 노동도 자원이라 생각하는 거죠, 하나의 기계, 생산 수단(침묵). 지금 뭘 얘기하려고 그랬지? 그러니까 아무튼 아까 생명에 대한 경각심은 저는 많이 커졌다고 볼 수밖에 없죠, 예.

6
기존 종교활동의 단절

면담자   그 교회 활동을 안 하시게 되신 거지만, 분향소 기독교방 이야기를 들으면 그래도 종교가 아버님한테 여전히 남아 있는 거잖아요. 지금은 기독교방이 없어졌죠? (아라 아빠 : 예, 그렇죠) 지금 종교활동은 어떻게 하고 계신지 얘기해 주시겠어요?

아라 아빠   그 사람들한테 뭔 말을 했는지?

면담자   그걸 얘기해 주서도 좋구요. (아라 아빠 : 예) 지금 어떻게 종교활동 하고 계세요?

아라 아빠   그렇죠. 우리가 그전에는 종교가 틀에 박혀가지고 그렇잖아요, "하나님을 믿고 그래야 천국 간다" 그리고 "하나님한테 감사를 해야 한다"[는 거였죠], 주목적이. 교회에서 설교하는 게 그렇잖아요, "하나님을 찬양하고 하나님을 높이 부르고" 그래 가지고, 지금도 그렇게 생각하는 사람들이 "그래야 복받는다. 찬양하고, 하나님을, 나를 내세우지 않고 하나님을 찬양하라" 이렇게 종교관이 있어가지고 한데, 그런 거기에 대해서 불교는 석가모니도 찬양하고 누구도 찬양하고…. 근데 심적으로 들어보면 종교라는 거는, 또 하나같이 들어보면은 (한숨을 내쉬며) 진실한 마음, 내가 마음을 움직이는 것의 힘, 그게 종착이 되더라고. 그러면 그 마음을 움직이는 힘, 그게 종착이 됐을 적에는 이 세월호 사건에 대해서 여기에 공감을 하고 똑같이 불교니 종교, 기독교니 천주교니 모든 걸 통틀어서 공감을 하고 들어왔을 적에 하나의 마음이 되어서 그것이 서로의 힘, 결속력이 있고 그래 가지고 서로 소통이 되고 이렇게 되는 건데….

그래서 옛날에 그런 식으로 종교를 했다면 지금은 사람의 내면에 들어가서 사람과 서로 교감을 얻고 이 사람이, 물론 종교라는 게 진리의, 많이 말씀을 많이 하잖아요. 그러면 이게 이 사람의 얘기를 들어보고 이 진리가 얼마나 그 사람 속에 들어 있는지 그거를 파헤치는 게 종교가들의 입장이지. 자기가 몰랐던 거를 새롭게 받아들이

려면은 머리가 아픈데 '아, 이거는, 내 생각은 하나님이니, 뭐니 하고 도 배척되니까 나는 이거는 안 받아들이고 나는 여기서 배제하고 단순히 나는 참선 위주로 종교활동을 한다' 그거는 아니라고 생각해요. 우리가 그전에 불교가 선종하고 무슨 종 있죠? 선종하고 무슨 [교]종 있잖아요, 참선을 위주로 하는 종교 있고 대중 속에 들어가서 종교활동 하는 게 있고. 그러면 이게 진짜 종교면은 대중 속에 들어가서 종교활동 하고, 지금 대중 속이 겪어가고 있는 슬픔 그런 거를 종교화해서 같이 들어가 가지고 이 사람들이 뭘로 괴로워하나 그걸 풀어주고 힘을 보태주고 파헤쳐 주고 다 같이 협력하고 그래야지 종교의 힘이 일어나서 더 커다란 힘이 되어가지고….

정치는 종교의 밑이잖아요, 솔직한 얘기로. 정치는 인간이 만들어낸 이기적인 법률이잖아요. 종교는 진짜 하나님이, 신이 만들어낸 도덕적인, 고대부터 내려온 사상의 존재니까, 그러기 때문에 종교의 힘이 정치의 힘에 눌려서 눈치나 보고 떳떳하게 자기를 파헤치[지], 리드하지 못하면은 그 종교는 죽은 종교라고밖에 할 수 없는 거죠. 세월호 사건 나고 나서 정치가들의 눈치를 보고, 오히려 정치가의 하수 노릇 하는, 종노릇하는 그런 종교인들이 [우리] 눈에 [보이고] 있었잖아요. 예를 들어서 □□교회들, 이 광화문이랑 그런 데서 십자가를 지들이 만들어놓고 "골고다, 예수님이 언덕을 넘어가듯이 우리들도 골고다 언덕을, 박근혜 대통령의 자유를, 대통령의 괴로움을 우리가 십자가에 짊어지고 이렇게 간다"[라고 하는 사람들이 있었는데] 참 살아 있는 종교가들이 할 짓인지…. 그 사람들은, 자기네들은 그랬을 거 아니에요, "이 새누리당은 영원히 집권할 것이다. 그러므로 우리는 새누리당 편에 들어서 추종을 해서 그 사람들한테 우리가 반 사이익을 얻고, 교회 부흥하는 데 지장이 없을 거다". 그런 계산속에 사업적인 기질밖에 안 되잖아요.

면담자 아버님은 4·16 참사 이후로 기독교나 다른 종교들이 한국 사회에서 도덕적인 역할이나 위안을 주는 역할을 하지 못했다고 생각하시는 거죠?

아라 아빠 예. 일부 한 사람도, 한 종교도 많죠. 세월호 사건에 적극적으로 와가지고 같이 슬퍼하고 이 썩은 나라를 바로 세우겠다고, 이 사건을 갖다가 뭉개버리려고 하는 사람들을 같이 비판해 주고, "썩은 정권을 몰아내야만이 우리가 이 사건을 [해결]할 수 있다" 이렇게 서로가 우리 유가족들한테 힘을 실어주는 종교인들도 많죠. 그렇지만 일부 사람들은 아직까지도 못된 [생각과 말로] 국민들을 선동해서 자기 교세나 확장시키고 그런 데 신경 쓰는 거지.

면담자 그래서 지금 아버님은 종교활동은 안 하시는 거죠?

아라 아빠 예, 못 하고 [있어요]. 저번에 1차 때도 얘기했듯이 내 생각과 그쪽 신도들, 목사님하고 생각이 틀리니까, 다른 세상이니까. 왜냐면 저는 "교회 가야만이 천국으로 갈 수 있다" 이런 사람들이 얘기하지만은 '내가 천국 가려고 교회 가냐? 단지 지금 우리[가] 처한 입장을 건강하게 유지하는 것이 바로 이 세상이 천국이고 저기이지'[라고 생각해요]. 저는 죽음이라는 것에 대해서 많이 생각하고 했지만은, 죽으면은 육신은 불태워지면은 거기서 끝나고 영혼은 몇 년 동안, 100년 이하로 이렇게 있다가 소멸되고 이런, 제가 이런 유튜

브니 이런 걸 많이 공부하다 보니까 그런 지식도 얻게 되더라구요. 그래서 그들이 얘기하는 '영생적인, 영혼이, 영혼이 살아 있는 천국이다' 그렇게 생각하는 거는 너무나 자기네들이 잘못[된] 생각 같아요.

물론 그걸 믿는 사람은 그게 아니라고 생각하지만은 저는 아이를 떠나보내고 나서 생각이 그렇더라구요. 단지 영생이라는 거는 내가 죽고, 내 새끼가 자라고, 또 내 새끼가 새끼를, 새끼라고 하면 안 되고 (웃으며) 후손이 후손을 낳고, 후손이 후손을 낳고 그게 바로 영생이지 무슨 영생이 뭐 있나? 영생이 가득 찼으면 이 공허한 지구의, 우주 공터에는 영혼들이 빽빽하게 아우성치고 있게? 그 수많은 영혼들이 다 죽었는데 그 영혼들은 다 어디 갔노? 그렇지만은 죽으면은 그 영혼은 쉽게 사라지지 않는다고 생각해요. 왜냐면은 그 영혼, 죽은 영혼과 저하고는 항상 서로 교통하고 있어요. 지금도 아라하고는 가끔 교통을 하고 있어요. 꿈에 아라가 많이 나오고, 아라에 대해서 많이 생각하면 꿈속에 꼭 나오고 그러더라고. 그래서 제가 꿈 얘기 같은 것도 좀 얘기해도 돼요? (면담자 : 그럼요) 그럼 (웃으며) 있다가?

7
온마음센터에 대한 아쉬움

면담자 그럼 짧게 질문하고 그 이야기를 들을게요. 아버님은 온마음센터 같은 건 이용 안 하셨어요?

아라 아빠 이용을 해요. 처음에 제가 온마음센터니 그 사람들하

145

3회차

고 처음부터 접촉을 했고, 제가 온마음센터 직원들한테, 그 사람들
이 물어보죠, "뭐가 필요할 거 [같]냐? 뭐 했으면 좋겠[냐]" [하고요]. 그
사람들도 처음에는 무계획적으로 세워졌어요. 어떻게 할지를 몰라
요, 뭘 해야 될지. 위에서는 자본이, 이게 자본이라고 하면, (면담자 :
예산이요?) 거기에 운영 예산비는 내려오고 이걸 어떻게 써야 될지
모르고 (한숨을 내쉬며) 그렇더라고. 〈비공개〉 그래[서] 내가 "그거 말
고 인문학 강좌를 개설하자" [했죠]. (면담자 : 그거 아버님이 제안하신
거예요?) 제가 제안했어요. 그래 가지고 초창기부터 인문학 강의를
계속 듣고 지금도 듣고 있어요. 지금도 조덕호 씨라고, 조덕호, 봉석
이 아버지, 조봉석 아버지랑 지금도 듣고 있어요. 사람들이 지금은
유가족은 조봉석 아버지하고 나하고 둘밖에 없더라고. 나머지는 거
기에 동조하는 관심 있는 사람들, 사회복지사 그런 사람들, 사회생
활 하는 그 사람들 와서 하고, 그런 것도 유명, 사상적인 생각을 갖
고 있는 교수를 초빙해서 들었죠.

면담자   아버님은 심리치료 같은 것보다 그런 게 더 도움이 된
다고 생각하시는 거예요?

아라 아빠   그게 아니고, 우리가 기독교 예배실에서 사람들하고
유가족이 발언을 할 기회가 많잖아요. 그러면 제가 그때 당시만 해
도 머릿속에 들은 게 하나도 없으니까 무식하게 얘기가 되는 거 같
더라고. 진짜 조리 있게 얘기를 못 하고, 민주주의가 어떤 건지도 모
르고 이런…. "우리나라가 일제시대 때 친일파로 명맥을 유지해 가
지고 지금 현 정권하고 이렇게 해가지고 민주주의가 이렇게 참 우왕

좌왕해 가지고, 지금도 그런 영향이 있어 가지고 이렇게 민주주의가 발전이 늦고 권위적인 게 있다" 이런 식으로 박정희니 히틀러니 그런 거에 대해서 많이 강의를 받으니까, 자연적으로 깨달은 게 이렇게 정리가 되니까, 그런 사람들한테 들어온 유가족 아닌 외부 시민들, 외부 예배드리러 온 사람들한테 유가족 발언할 적에, 발언할 때 도움이 많이 됐죠.

그래서 이 사람들이 예를 들어서 전두환이니, 독재자들 박정희니 그런 사람들은 히틀러를 많이 공부를 하고 답습을 해서 독재를 유지할 수 있었던 거라고 하더라고. 그래서 거기에 대해서, 히틀러에 대해서 공부를 많이 했고, 거기에 대해서 박근혜도 마찬가지로 자기가 독재하려고 그런 술수를 쓴 거지. 그래 가지고 자기, 그전에 전교조니 그런 사람들이 국정교과서 그런 거 있었잖아요, 박근혜가 그런 거 고치고 자기 아버지를 갖다가 내세우려고 역사 속에, 그래 가지고 [한국사 교과서] 국정[화에 대해] 전교조 이런 지식 있는 교사들이 반대하고 그랬잖아요. 그때도 저희들이 같이 동참하러 가고 유가족 발언하고, 그때 어디서 했냐면 아산인가? 거기서 했죠. 그 사람들도 세월호 할 적에 몇몇 가족이 거기 쉬는 날 가가지고서 그 사람들 같이 우리 세월호 사건에 대해서 피켓, 시민들한테 피켓 같이 들어주고(한숨).

그러니까 한마디로 박근혜도 자기 독재화시키려고 하는 거죠. 아버지 위대성을 그래 가지고 전국 방방곡곡에 자기 아버지 동상을 내세우고 진짜 큰일 날 뻔했죠. 이게 보통 사람은 모르지만 진짜 큰일 날 뻔했어요. 역사를 왜곡하고 진짜 독재를 부각시키려고 한 거예요. 독재라는 것은 자기들만의 권력에 살지만은 사람들은, 물은 위에서 흘러가지고 저기 하잖아요. 위에서 그런 식으로 하면은 사장, 부하를 데리고 있는 사장도 그와 똑같이 하고, 밑에 노동자인 아버지도 가정에 들어와서 똑같이 하고 그렇게 하면 세상이 엄청 어지럽고 힘든 나라가 되는 거예요. 거기에서 약한 애들만 희생당하고, 약한 사람이 희생당하는 나라가 되는 거예요. 그니까 이 독재라는 게 그렇게 무서운 거지.

면담자　　　많이 영감을 받으신 거네요. (아라 아빠 : 예, 그렇죠) 온마음센터에서 다른 프로그램을 이용하신 거는 없으세요? 정신적인 치료, 심리 상담이 주일 거 같은데 그런 거는 이용 안 하세요?

아라 아빠　　저도 처음에는 거기에 대해서 많이 기대를 가졌어요, 아라 엄마[가 힘들어했기] 때문에 트라우마니 [그런 것에 대해서]. 근데 거기에 대해서 많이, 전문가들이 아니고 달랑 정신과 의사, ×× 의사 선생님 그 사람 하나 달랑 데려[다] 놓고 있는데, 이 사람은 얘기하면 얘기만 듣고, 정신과 의사들이 대부분 다 그렇더라고. 얘기하면은 그 사람들하고 대화만 하고 얘기, 대화만 하지, 딱히 대화 치료법 그런 걸 못 느끼겠더라고. 그니까 소홀히 했고⋯. 트라우마센터 [를 생각하면] 오히려 마음이 아픈 게, 저기 온마음센터 있어 가지고 생존자들이니 생존자 가족들이 거기 들락날락하는 게 오히려 더 괴롭더라고. (면담자 : 마주치시는 게요?) 그렇죠. 〈비공개〉

　　유가족들은, 진짜 아픈 사람들은 골방에 묻혀가지고 낑낑대고 밥술도 못 뜨고 누워가지고 베개에다가 눈물만 찔찔, 진짜 진탕하게 하고 머리도 못 감고 화장도 못 하고 [있는데], 차라리 그런 사람 방문해 가지고 사회복지사마냥 목욕시키고 머리 감기고 머리 염색 못 한 부모들 가서 머리 염색도 해주고, 차나 한잔하고 그런 게 트라우마 고치고 하는 거지, 말벗 되고 그러는 게. 그런 건 안 하고, 모르겠어요, 딴 사람은 어떨랑가. 내가 보기엔 그런 거 같더라고. 왜냐면 그러니까 내 얘기는 한동네에서 덕스[러운], 덕망 있는 할머니들 몇 명 있으면 그 동네는 참 부드러워요, 잡아주고 다듬어주고 쓰다듬어주고…. 할머니들이 힘이 있어 뭐 있어? 그렇지만 부드럽잖아, 친근감 있고. 그런 식으로 트라우마를 하면 어떻겠는가, 그런 게 필요하지. 모르겠어요, 딴 사람은 어떨랑가 모르겠지만 내가 느끼기에는 [그래요]. 그렇지만 지금 좋은 것도 많이, 큰일도 한 것도 있겠죠. 트라우마[센터]에서 유가족들, 초창기에는 유가족들 격렬하게 전경들하고 대치하고 그랬을 때 유가족들이 쓰러지고 했거든요. (면담자 : 그렇죠. 수액도 맞고 그랬죠) 그런 경우 처음에는 의료 기구 챙겨가지고 (면담자 : 지원을 나오고 그랬었죠?) 그랬었죠.

8
꿈속에 나타나는 아라

면담자　　　아버님 현재 삶의 목표가 지금 어떤 것인지 간단히 먼저 말씀해 주시면 좋겠어요.

아라 아빠　　　삶의 목표? 예, 한 가지씩. 내가 머리가 아파서 다 기억을…. 지금 삶의 목표는 딱히 없어요. 단지 목표는 남은 후손 (한숨을 내쉬며) 오빠 훌륭히 키워가지고 필부필부마냥 하나의 가정을 꾸리고, 솔직히 손자도 안아보고 같이 놀아주는 게 삶의 목표죠, 손자하고 같이 노는 게. 그 외에는 없어요. 이걸로 인해서 내가 명성을 얻거나 그런 건 없고 (한숨을 내쉬며) 그저 바람 앞에 촛불마냥 쓰러지는 가정 (한숨을 내쉬며) 그거 지탱할 수 있나, 내가 그 주어진 사명이니, 그게 하나의 주어진 사명이라고 생각해요. 그게 삶의 목표예요. 그러고 죽을 때 되면 죽는 거고, 죽을 때 자식들한테 폐 안 끼치고 깨끗하게 죽고 그러고 (한숨을 내쉬며) 아무튼 그 전부터 내가 근검 저기 하게 살았으니까, 내가 향락에 빠지거나 그런 거는 원치 않고. 그런 거는 원치 않고, 조용히 살다가 조용히 (웃으며) 가는 게 그거예요. 그 전에는 우리 아라가 있어 가지고 잘되면 엄청 자랑도 많이 하고 그렇게 다녔는데, [이제] 자랑할 것도 없고…. 친인척들한테 많이 자랑했는데, "우리 딸 참 똑똑하고 상도 많이 받고 (웃으며) 공부도 잘하고 키도 크고 얼굴도 이쁘고 그렇다"고 많이 자랑했는데, 친구들한테도 자랑할 것도 없고….

면담자   알겠습니다. 끝으로 아까 꿈 이야기 해주시겠어요?

아라 아빠   아까도 저뿐만 아니라 다른 가족들도 마찬가지지만은 어떤 부모가, 누군가가 이렇게 물어보더라고. 어떤 설문지 조사를 했나? "세월호 사건 나고 나서 자기 하는 일에 대해서 잘되어 가고 있냐?" 나는 그게 뭔 말인가 했는데, 저는 평범하게 "그저 그렇다" 했는데 이게 제가 뭐 하면은 아라가 마음속에 지금도 같이 있는 거 같아요. 많이 도와주는 거 같아, 아빠가 힘들어하는 면에 대해서. 오히려 제가 아라한테 도움을 많이 받는 거 같아요. 예를 들어서 내가 "아라야, 오빠가 참 아빠 속 많이 썩인다" 이렇게 울면서 얘기하고 저기 하면은 그게 또 잘 해결되는 거 같기도 하고…. 예를 들어서 뭐든 금전적인 거래라든지 어디다 내가 투자를 한다거나 뭐를 했을 적에, 그게 나는 제가 그쪽에 전문가가 아니기 때문에 명확한 계획을 갖고 한 게 아닌데 그게 계획대로 착착 되고….

돈줄이 거기에 끝날 시점에, 마감할 적에 경제적으로 돈이 딱 나오고 그런 거 봤을 적에, 그 전에는 꼬이고 엄청 혼란스러웠는데 그게 오히려 (면담자 : 해결이 됐나요?) 해결이 되고 막 그런 경우가 있어요. 나는 그래[서] '아, 아라하고 같이 살고 있구나' [하는 생각이 드는 거예요] 어떤 때는 제가 팽목항이나 그런 데, 거기에 임시분향소가 있잖아요? 내가 오랜만에 가잖아요. 내 눈에 들어와서 아라 얼굴을 딱 보면은 똑같은 사진인데 아라가 빵긋 웃는 게 모습이 보이는 거예요. 아라가 "아, 아빠 왔어?" 하고 좋아 가지고. 그럼 어렸을 때 아라가 아빠가 회사 끝나고 왔을 때 달려들어 가지고 아빠 품에 안기는 그런 게. (면담자 : 모습이 그대로 보이신다는 거죠?) 그렇게 해가지고 아무튼 삶이라는 게, 그 전에는 어떤 사람들은 "빨리 잊어버리는 게 니가 살 길이다" 하지만은 잊는 자체는 불가능하고 오히려 같이 함께하고 죽을 때까지 이렇게 생각하고 지내는 게 오히려 내 건강에 더 좋을 거 같아요. 오히려 이거를 '아, 너는 죽었으니까 나 잊고', 그거는 힘들 거 같아요. 그거는 안 될 거 같아요. 같이 추모하고, 아라하고 같이하고, 육신적으로는 같이 결합은 못 하지만은 영혼끼리 이렇게 서로 교통하면서….

그래서 꿈속에 자주 나타나요. 저번에도 내가 여기 처음 왔어요. 여기 교실이 저쪽에 별관에 있을 때는 더 못 왔고, 이쪽에 이사 오고 나서 처음 왔어요. 그래서 아라 교실에 처음 갔는데 (면담자 : 9반이 여기 앞에 있잖아요) 예, 그래 가지고서 아라 책상을 지들 엄마가 소홀히 해가지고 [꾸며놓은 게] 없더라고. 그래서 내가 [저번 구술증언이] 끝나고 다음다음 쉬는 날 내가 조화 꽃하고 아라 사진하고 현상해 가지고 (웃으며) 지금 해놨어요. (면담자 : 1차 구술한 뒤에 다시 오셨군요) 예, 그렇게 하고 다시 와가지고 했어요. 그렇게 하고서도 여지없이 꿈에 아라가 나오더라고. 그때 꿈속에 엄마는 오빠하고 같이 있고 나는 아라하고 같이, 아라가 자는데 아빠가 팔베개하고 있는 그런 꿈을 비슷하게 꿨어요. 하여간 그러고서, 진짜 생생하더라고, 엄청 생생하더라고(한숨). 그래서 그걸 적어놓을까 하다가 적어놓지는 않았는데 그 전에도 그 꿈을 많이 꿨어요. 그래 가지고 꿈을 어떻게 꿨냐면은(수첩을 보며).

면담자   꿈을 꿀 때마다 적어놓으셨어요?

아라 아빠   모아서 한 두 달인가 한 달 있다가 모아서 적어놨어요, 아예 계속 꿔지길래 '이거는 그냥 넘어가기 뭐하다' 해가지고, 처음에. "소중한 딸을 잃고 꾸었던 꿈. 아라를 화장하고 집에 왔다. 올림픽기념관 추모관에 희생자를 임시 안치되었다[했다]. 가슴이 울컥했지만은 현실을 찾고 임시위원장 사무실에 찾아가 간단한 면담을 하고 학교에 가서 교무실에 갔더니 교장선생과 교사가 입가에 미소를 띠며 무슨 이야기를…. 교장이 왔다 갔다 하면서 교사는 의자에 앉았고 이야기를 했다". 이거는 내가 실제 있었던 일을 적어놓은 거예요, 이건 꿈이 아니고. "문을 박차고 공손히 '아이 죽은 아비이다. 왜 이렇게 죽게 했냐?'고 소리치고 '돈 때문에 여행 루트를 이렇게 했냐? 돈 얼마 받았기에' 여행사에 한바탕하고 집에 와서 무더위에 지쳐 누웠다". 이제 여기서 꿈 얘기가 들어가는 거예요. 그때 당시에 그렇게 하고서 아라를 화장하고 집에 와서 누웠죠.

"문을 반쯤 열고 심신이 지쳐서 눈을 감고 있으니 누군가가 보고 있는 거 같더라. 그래서 벌떡 일어나 '아라냐? 아라야, 아라야' 하고 아라 방에 갔다. 생각에 아라가 원통해서 집에 와서 천국으로 가려고, 아빠한테 마지막 인사를 하려고 아빠 얼굴을 보려는 생각이 들었다". 이런 생각이 들어[가지고], 그때 혼자 있었는데, "한번 아라의 침대에 누워 있는 아라를 생각하고 책상 의자에 앉아보고 서서히 천국으로 가려는 [것] 같다. '아라야, 아라야' 슬피 울면서 허공을 휘저었다. 아라는 잡히지 않고 영혼만 나에게 속삭이는 것 같다. '아라야, 너무나 억울해서 더 살고 싶을 텐데 가야 돼' 그렇게 가슴을 막히고 아라는 떠났다. 힘없는 아빠를 원망하다, 능력 없는 아빠를 원망하다, 사리 분별 못 하고 멍청한 아빠, 딸의 목숨을 남에게 맡긴 아빠, 아니면 아니라고 억지로 이해를 하는 아빠. 왜 교권의, 선생님의 판단이 아빠의 판단보다 낫다고 믿었냐. 아빠 생각이 옳았다면 왜 아빠 생각대로 하지 않고 세상의 흐름에 내맡겼는지. 내 생명, 내 가족은 왜 생각, 내 행동에 의해서 좌우됨을 왜 이제 깨달아야 됐는가?"

면담자   계속 이어지는 거예요? (아라 아빠 : 아니에요) 말씀하고 싶으신 부분을 읽어주시면 될 것 같아요.

아라 아빠   예, 그래요. 여기까지밖에 없는 거 같은데. 읽어요?

면담자   이게 한 번에 쓰신 내용인 거예요?

아라 아빠   아니, 1단락은 됐고 이거는 이제 2단락.

면담자   이거는 언제 쓰신 거예요?

아라 아빠   이것도, 이것도 그때 꿈꾸고 나서, 그만할까요?

면담자   아버님이 하시고 싶으면 하셔도 돼요.

아라 아빠   이거는 아라 지갑 찾았을 때 기분을 적은 건데 이거 읽어도 되는가?

면담자   아버님이 고르셔서 하나 정도 읽어주시면 좋을 것 같아요. (아라 아빠 : 이거 하나요?) 아니면은 저희 구술증언 한 것에서 언급 안 된 내용이 있으면은 좀 얘기해 주시면 좋을 것 같고요.

아라 아빠   이건 아까 얘기했으니까 안 해도 되겠네요. 지갑 찾은 거는 얘기했잖아요, 그렇죠? (수첩을 가리키며) 이거는 저기 그거 아니에요. 이거는 그때 예배실에서 얘기한 거, 그런 거 다 적지는 않았는데 일부 그거예요.

면담자   구술 준비하신 메모인 건가요?

아라 아빠   그렇죠, 준비해 갔을 때 거기서 얘기하려고 그런 거죠. 뭐 없어요, 특별나게.

면담자   그러면 꿈 이야기는 마무리를 하고, 구술증언도 마무리하려고 하는데 하시고 싶으신 말씀 없으세요?

아라 아빠   하고 싶은 말 다 한 거 같은데? 예, 없는 거 같아요. 하고 싶은 말은.

면담자   정말 쉽지 않은 이야기인데 구술해 주서서 너무 감사드리고, 구술 작업이 아버님의 어떤 목표나 바람에 조금이라도 보탬이 되기를 진심으로 바랍니다. 하실 말씀 없으신 거죠?

아라 아빠   예, 없어요.

면담자   예, 고생하셨습니다. 그럼 이것으로 아라 아버님의 구술을 모두 마치도록 하겠습니다. 아버님, 구술이 참 힘든 일인데도 불구하고 이렇게 응해주서서 감사드립니다.

4·16구술증언록 단원고 2학년 9반 제6권

그날을 말하다 아라 아빠 김응대

ⓒ 4·16기억저장소, 2020

기획 편집 4·16기억저장소 ┆ **지원 협조** (사)4·16세월호참사가족협의회

펴낸이 김종수 ┆ **펴낸곳** 한울엠플러스(주)

초판 1쇄 인쇄 2020년 4월 1일 ┆ **초판 1쇄 발행** 2020년 4월 16일

주소 10881 경기도 파주시 광인사길 153 한울시소빌딩 3층

전화 031-955-0655 ┆ **팩스** 031-955-0656 ┆ **홈페이지** www.hanulmplus.kr

등록번호 제406-2015-000143호

Printed in Korea.

ISBN 978-89-460-6782-0 04300

       978-89-460-6801-8 (세트)

* 책값은 겉표지에 표시되어 있습니다.